I0073824

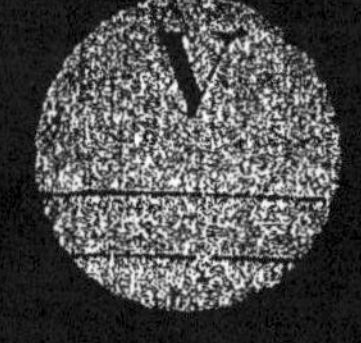

AFFERMAGE DES CANAUX

EXTRAITS DES DÉLIBÉRATIONS

DES CHAMBRES DE COMMERCE

ET DES PÉTITIONS

DE L'INDUSTRIE, DU COMMERCE ET DE LA BATELLERIE

Publiés par le Comité des Houillères

PARIS
IMPRIMERIE DE GUSTAVE GRATIOT
11, RUE DE LA MONNAIE

1852

TABLE DES MATIÈRES

INTRODUCTION

DE LA SITUATION DES CANAUX ET DU PROJET D'AFFERMAGE

La réglementation des tarifs de circulation sur les canaux les plus importants de la France est actuellement subordonnée à des ordonnances prorogées de trois mois en trois mois; l'industrie et le commerce souffrent depuis longtemps de cette situation précaire qui empêche la batellerie de s'organiser d'une manière convenable, et qui entrave les approvisionnements des usines, les marchés et les livraisons.

Le Gouvernement, justement frappé des inconvénients de cette situation, a proposé un projet de loi pour le rachat des actions de jouissance, qui font seules obstacle à l'établissement d'une circulation normale; mais les principaux détenteurs des actions de jouissance ont fait surgir une proposition de fermage qui avait trouvé un appui dans la commission nommée par la précédente Assemblée.

Nous pensons que le rapport qui a été présenté à l'Assemblée n'eût pas soutenu la discussion; mais ce rapport subsiste, c'est la seule pièce favorable à l'affermage des canaux, et il nous a paru nécessaire de lui opposer un résumé des délibérations qui ont été prises à ce sujet par les *Chambres de Commerce* qui ont étudié la question et permis de publier leurs observations.

Le rapport prétend que la Commission a entendu les parties intéressées.

Les *Houillères françaises*, qui représentent le quart de la circulation sur les canaux, ont déjà protesté contre cette assertion. Elles n'ont pas été appelées par la Commission, bien qu'elles aient constitué, à Paris, un Comité permanent, chargé de s'occuper de ces questions d'intérêt général; elles ont été sacrifiées à la pensée du fermage, sans avoir été entendues.

Les Houillères françaises ont publié leur réponse au rapport de la Commission, et non-seulement cette réponse détruit la plupart des assertions qui y ont été produites, mais elle prouve en outre que si la Commission eût bien voulu les entendre, elle eût été amenée à traiter la question sous plusieurs points de vue essentiels qu'elle a négligés, et notamment sous le point de vue des tarifs, qui sont portés au double et au triple des tarifs actuels, sans qu'aucun motif ait été allégué, sans que la Commission ait paru se douter qu'elle frappait la circulation d'un impôt nouveau et excessif, qui devait soulever des réclamations universelles.

Toutes les contrées dont les intérêts sont engagés dans la question des canaux se sont prononcées de la manière la plus formelle contre la pensée de l'affermage. *Orléans*, *Valenciennes*, *Lille*, *Amiens*, *Cambray*, *Rouen*, *Strasbourg*, *Besançon*, *Lyon*, *Mulhouse*, *Châlon-sur-Saône*, *Avignon*, *Paris*... ont protesté, par l'organe de leurs Chambres de Commerce, contre le fermage des canaux, et le rapport ne fait même pas mention des objections qu'elles ont présentées. A plus forte raison ce rapport passe-t-il sous silence les vœux émis par les *Conseils généraux* du Haut-Rhin, du Bas-Rhin, du Doubs, de Saône-et-Loire, ainsi que les nombreuses *pétitions* adressées par les industries agricoles et manufacturières, par les mines et usines, par le commerce et la batellerie de toutes les contrées dont les intérêts ont été sacrifiés.

Il eût été pourtant bien naturel de consulter tous ces documents qui existent au Ministère du Commerce; il eût été facile d'entendre la *Chambre de Commerce de Paris*, qui, dans sa séance du 30 mai 1851, *proteste* de la manière la plus vive contre l'affermage des canaux.

La *Chambre de Commerce de Paris* a été frappée, comme toutes celles que nous venons de citer, du danger de la création d'un monopole des transports, monopole qui serait la conséquence logique d'une décision qui livrerait les canaux de l'intérieur de la France aux hommes qui tiennent déjà les chemins de fer. La circulation de ces canaux, aggravée par l'exagération des tarifs et les tendances fiscales de cette Compagnie, ne pourrait plus faire contre-poids aux importations de l'étranger.

Ce danger, signalé par la *Chambre de Commerce de Paris*, est évident, si l'on examine les conditions de son approvisionnement; car, pour une multitude de produits, les expéditions de nos contrées du Centre y sont en lutte avec les importations étrangères. Pour la houille, par exemple, la consommation de Paris et de sa banlieue dépasse aujourd'hui six millions de quintaux métriques qui, livrés aux consommateurs, représentent une valeur d'environ vingt millions de francs; la sixième partie de cette valeur est fournie par nos houillères du Centre et arrive par les canaux qu'il s'agit d'affermer. Supposons la Compagnie fermière paralysant ces expéditions par ses tarifs, le marché se trouve entièrement livré aux houillères belges, qui peuvent se coaliser pour élever les prix, et qui seraient disposées à payer bien cher l'exécution de toutes les exigences fiscales dont on veut armer la Compagnie fermière des canaux de l'intérieur.

Nous regrettons de ne pouvoir donner ici la délibération de la *Chambre de Commerce de Paris*, qui n'a pas été rendue publique, mais elle a été adressée à M. le Ministre de l'Agriculture et du Commerce, et nous espérons que le Gouvernement prendra en grande considération ses conclusions : qu'il est essentiel à l'intérêt du pays de maintenir la concurrence de ces deux forces rivales, les chemins de fer et la navigation, en conservant les canaux entre les mains de l'État; que c'est le seul moyen de conserver au pays et de développer les voies de transport, sur lesquelles s'appuient sa force et sa prospérité industrielle et commerciale.

Si la Commission de l'Assemblée eût pris connaissance de toutes ces réclamations, si elle eût entendu ces protestations unanimes, eût-elle donné son adhésion à un projet qui établissait un *fermier général* de la navigation?

Il s'agissait, en effet, de livrer à ce fermier général 2,000 kilomètres de canaux, qui ont coûté 300 millions; de livrer à ce qu'on appelle l'intelligence de son exploitation tous les intérêts qui se sont établis sur les lignes desservies par ces canaux, avec la faculté *d'augmenter de* 50 *et* 100 *pour* 100 les tarifs qui y grèvent déjà la circulation des matières premières; avec la faculté d'établir des *tarifs différentiels*, c'est-à-dire d'exiger des contributions secrètes ou patentes de la part des établissements qui voudront être favorisés ; avec la faculté d'organiser la *coalition des chemins de fer et des canaux*, c'est-à-dire celui de tous les monopoles qui ouvre la porte la plus large aux abus et à l'oppression.

La Compagnie financière qui s'est présentée pour le fermage général n'a répondu ni aux délibérations des Chambres de Commerce, ni aux objections présentées par les industries ; elle a constamment fui la discussion. Cette Compagnie s'est flattée d'avoir assez d'influences et de relations pour obtenir un vote favorable à sa spéculation, sans enquête et sans discussion.

Les Houillères françaises et toutes les industries liées à la navigation intérieure de la France espèrent qu'il n'en sera rien et que le Gouvernement, qui connaît la situation du commerce et de l'industrie, ne voudra pas les livrer aux exactions d'une compagnie de spéculateurs.

Les pièces suivantes, extraites des délibérations des Chambres de Commerce et des Conseils généraux et des pétitions adressées au Gouvernement prouveront la nécessité du rachat pur et simple des actions de jouissance par l'unanimité des réclamations que le projet d'affermage a soulevées.

LA CHAMBRE DE COMMERCE D'ORLÉANS

A M. le Ministre de l'Agriculture et du Commerce.

Voici comment l'un des membres les plus distingués du dernier gouvernement s'exprimait devant la Chambre des députés, au sujet des canaux et des services qu'ils sont susceptibles de rendre :

« Malgré l'importance des chemins de fer, les voies navigables « sont aussi appelées à contribuer puissamment, pour leur part, à « l'accroissement de la fortune publique. Nous avons acquis la con- « viction que les chemins de fer ne peuvent et ne doivent pas sup- « pléer les voies d'eau pour tous les genres de transports. Les « marchandises encombrantes, les denrées qui, sous un poids con- « sidérable, n'ont qu'une faible valeur, celles qui n'ont pas besoin « de vitesse, et pour lesquelles l'expéditeur peut fixer le temps et « choisir les époques de livraison, seront toujours transportées avec « plus de profit sur un canal, ou sur une rivière, que sur une voie « de fer. Ces catégories de marchandises forment assurément plus « des quatre cinquièmes de la masse en circulation. Notre territoire « est sillonné dans tous les sens par des fleuves et des rivières qui « n'attendent que la main de l'homme et l'emploi des ressources de « l'art pour devenir des instrumens de transports aussi faciles « qu'économiques. Nous ne pouvons pas mettre au néant ce grand « bienfait de la nature. »

Ce langage, vrai à l'époque où M. Dumon était ministre des travaux publics, ne l'est pas moins de nos jours; et si le Gouvernement le faisait entendre de nouveau à la tribune nationale, la France entière répondrait par un assentiment non équivoque.

C'est dans cet état de choses et lorsque les froissements nombreux occasionnés par les chemins de fer ont suscité les plus légitimes appréhensions contre les tendances des grandes compagnies financières, que l'on a vu surgir le projet d'affermage général des canaux.

On ne saurait contester que ce projet n'ait suscité une unanime réprobation. C'est que le sentiment intime du pays ne s'y est pas trompé; avec les lumières du bon sens et à l'aide d'une expérience déjà assez chèrement payée, quoique récente, le commerce et l'agriculture n'ont pas tardé à reconnaître que le prétendu rachat des actions de jouissance n'est qu'une étiquette trompeuse, et que le but réel de l'organisation de la Compagnie fermière des canaux est l'anéantissement de la batellerie et l'annulation des canaux.

La Chambre de commerce d'Orléans partage pleinement ces craintes, et elle va vous faire connaître ses motifs, en vous priant, Monsieur le Ministre, de les soumettre au Gouvernement et à l'Assemblée des représentans.

Il y a dans ce projet d'affermage une habileté de combinaisons, qui n'a d'égale que la futilité des prétextes par lesquels on essaie de surprendre la confiance publique.

A entendre les patrons et avocats de la Compagnie fermière, le Gouvernement ne saurait prendre à son compte l'administration et la mise en état des canaux sans se lancer dans des dépenses qu'ils évaluent à environ 50 millions; mais cette évaluation des réparations à faire dans les canaux ne repose sur rien de sérieux; elle est empreinte d'un caractère évident d'exagération, facile à reconnaître pour tous ceux qui ont des relations sur les canaux.

La Chambre ne veut ni ne doit entrer dans aucun détail sur ce chapitre; elle se bornera à constater deux faits :

Le premier, que la Compagnie fermière qui seule a mis en avant l'évaluation de 45 à 50 millions, comme montant des dépenses à faire sur les canaux, a intérêt à déprécier la chose qu'elle veut prendre à bail, afin d'obtenir des conditions plus avantageuses;

Le deuxième, c'est que les canaux, même dans la situation où ils sont actuellement, se trouvent cependant dans un état de navigabilité bien supérieur à celui des rivières auxquelles ils aboutissent; la preuve en est que les bateaux chargés à la tenue des canaux sont tous obligés de légir pour entrer soit dans l'Yonne, la Loire ou la Seine, à tel point que le chargement d'un seul bateau dans le canal forme la charge de trois à cinq bateaux en rivière.

Ce n'est donc pas sur les canaux, mais bien sur les rivières, qu'il faudrait faire de ces améliorations efficaces et coûteuses qu'on semble provoquer dans l'objet d'activer les transports par eau. .

. . . .

Demander la concession de la presque totalité des canaux français pour 60 ans, ce n'est rien moins que demander, pour une période équivalente à deux générations au moins, la jouissance, au profit de quelques particuliers, de propriétés nationales qui ont coûté environ 400 millions à établir.

On supposera sans doute que la Compagnie fermière va offrir au pays quelque dédommagement équivalent, et capable de faire fermer les yeux sur un pareil envahissement de la fortune publique.

Point du tout : la Compagnie fermière croit faire assez en délivrant le pays des embarras de la gestion des canaux, et pour prix de ce grand service, elle veut bien ne demander que deux choses :

1° Qu'on lui permette de tuer la batellerie libre, qui a le tort impardonnable de faire des transports à trop bas prix ;

2° Qu'on lui garantisse 5 0/0 d'intérêts, et 1 0/0 d'amortissement pendant 60 ans, de tous les fonds qu'elle consacrera à cette patriotique entreprise.

Et qu'on ne croie pas que nous prêtions à la Compagnie fermière un but qu'elle n'a point, ou que nous exagérions les résultats qu'elle se propose d'atteindre. Quelques efforts qu'elle ait déployés pour dissimuler ses vues, il est facile de démontrer, à quiconque ne voudra pas fermer les yeux à la lumière, que notre batellerie libre ne saurait résister à l'emploi simultané des moyens suivants :

Un tarif de droits élevés de circulation sur les canaux, appliqué rigoureusement toutes les fois que l'intérêt de la Compagnie fermière le demandera; des réductions arbitraires et des concessions de toute nature facultatives à la Compagnie, en vue de son avantage particulier, et dont elle ne rendra compte qu'à elle-même; et comme dernière et infaillible ressource, l'autorisation de monter en concurrence une batellerie privilégiée, dont elle réglera le fret sans contrôle.

Quel est le marinier qui, en outre de la dépense de son matériel et de son personnel, ayant des droits considérables de navigation à acquitter, pourrait lutter contre une entreprise, qui non-seulement serait affranchie de tous droits, mais encore aurait obtenu de l'État la garantie du remboursement de toutes pertes résultant, ou de mauvaise gestion ou de concurrence désordonnée?

Il est impossible qu'avant six mois d'un pareil régime, la batellerie libre n'ait pas entièrement disparu des canaux.

Parmi les divers moyens réclamés par la Compagnie fermière, il en est un surtout contre lequel le commerce proteste avec toute l'énergie dont il est susceptible : c'est la faculté d'établir arbitrairement des tarifs différentiels, c'est-à-dire de percevoir des taxtes inégales pour un même service et dans les mêmes conditions.

La circulation sur les canaux ne saurait être assimilée à une entreprise commerciale ou à un établissemeut industriel, créé aux risques et périls d'un individu, et géré par son propriétaire, comme il le juge convenable, sans qu'aucune condition autre que celle du droit commun puisse l'entraver dans son administration.

Les grandes voies de communication, qu'il s'agisse de canaux ou de rivières, sont du domaine public; du moment où ces canaux ont été créés pour les besoins et avec les deniers du pays, ils ne doivent pas être détournés du but en vue duquel ils ont été exécutés. Leur exploitation n'est pas un fonds de commerce, leur administration ne doit pas être une boutique.

Ce sont là les principes qui ont de tout temps été proclamés en matière de services publics. Il a fallu tous les bouleversemens et tous les désordres de ces temps-ci, pour voir produire une proposition comme celle de la Compagnie des canaux. Car enfin si ce projet pouvait être accueilli, il n'y aurait point de motif pour ne pas livrer également à la spéculation, sous forme de bail, l'exploitation des grandes routes, ainsi que des rues et des places publiques de nos cités.

Comme couronnement de ce beau système, la Compagnie fermière demande à l'État la garantie de 6 0/0 de produit net; c'est la clef de voûte de sa proposition, car sans cette garantie elle ne se hasarderait ni à créer une batellerie à état-major, pour lutter contre une marine constituée dans des conditions d'extrême économie, ni à jeter de 40 à 50 millions dans les canaux, en dépenses d'améliorations hypothétiques et nullement justifiées.

Mais cette condition constitue pour le pays tout entier un danger si sérieux et tellement évident, qu'il nous paraît impossible que l'Assemblée et le Gouvernement ne fassent pas justice d'une semblable demande.

. . . .

Mais cet inconvénient n'est rien ou peu de chose, comparativement au danger de provoquer un accord entre la Compagnie des canaux et les chemins de fer parallèles à ces canaux. Si cette entente est favorable aux intérêts de l'une et de l'autre entreprise, quel moyen restera-t-il pour l'empêcher? N'a-t-on pas déjà une expérience suffisante du peu de cas que font les Compagnies financières des prohibitions qui leur sont imposées par la loi? Toutes les concessions de chemins de fer ne portent-elles pas l'injonction positive d'appliquer à tout le monde l'égalité de taxes de la manière la plus absolue? N'était-il pas sous-entendu aussi que les Compagnies ne devaient pas modifier leurs tarifs seulement sur une partie de leur parcours?

Malgré toutes les précautions qu'on a pu prendre, nous demanderons quelle est la Compagnie de chemin de fer qui s'est conformée sur ce point à la loi. N'est-il pas de notoriété publique que tous les chemins de fer, sans exception, font des concessions et des traités différentiels, toutes les fois que leur intérêt le commande, et que le Gouvernement est impuissant pour l'empêcher?

Qu'on n'espère donc pas, par quelque prohibition que ce soit, entraver la coalition des chemins de fer avec les canaux, du moment où ceux-ci seraient réunis dans une seule main.

Cette coalition est dans la force des choses; elle arrivera quoi qu'on fasse, et c'est alors que se déroulera le plus beau plan de domination industrielle qu'ait encore enfanté le génie du monopole.

La batellerie libre détruite, toute concurrence sérieuse aura disparu ; les canaux et les chemins de fer s'entendent pour se partager les transports et les immenses profits qui y sont attachés; la compagnie fermière devient maîtresse de manipuler à son gré les cours des matières premières, et par suite de rançonner à volonté les industries et les populations, de distribuer ou de déplacer la prospérité ou la ruine, suivant ses caprices ou ses intérêts. C'est un vrai chef-d'œuvre d'arbitraire.

En résumé, la Chambre demande que l'État conserve l'exploitation des canaux, afin que dans l'intérêt général il puisse rester le modérateur des exigences des chemins de fer, et empêcher le dommage qu'ils pourraient causer au commerce et à l'industrie.

Elle repousse la proposition d'affermage des canaux, comme une combinaison ayant pour objet d'abandonner une portion considérable du domaine national à une association de spéculateurs, qui ne s'en serviraient que pour établir un monopole écrasant, au risque de jeter le trouble et la ruine dans l'industrie, le commerce et l'agriculture, et de livrer au désespoir toutes les populations riveraines des fleuves et des canaux.

LA CHAMBRE DE COMMERCE D'AMIENS

A M. le Ministre des Travaux publics.

Lorsque, vers la fin de l'année dernière, le Gouvernement a présenté à l'Assemblée le projet de loi pour le rachat des actions de jouissance de la Compagnie des Quatre Canaux et de la Compagnie Humann, l'agriculture et l'industrie, dont le bas prix des transports par les voies navigables favorise si merveilleusement la prospérité, se sont réjouies en pensant qu'après une si longue attente l'État, devenant enfin maître des tarifs, la France, allait jouir des avantages que les communications par eau établies à si grands frais lui faisaient espérer depuis longues années. Quel ne fut pas leur désappointement, quand elles apprirent que la Commission de l'Assemblée nationale, chargée d'examiner ce projet de loi, mettant de côté la question de rachat des actions de jouissance, concluait simplement à l'affermage des canaux! Tout ce qui appartient au commerce, monsieur le Ministre, était loin de penser qu'après le lumineux exposé des motifs fait à la séance du 15 novembre 1850, exposé dans lequel le ministre avait fait toucher au doigt les fâcheuses extrémités auxquelles le Gouvernement avait été conduit par suite de la résistance de quelques Compagnies, les difficultés qu'il avait éprouvées de la part de quelques autres pour obtenir sur les tarifs les diminutions, selon lui, les plus légitimes, les plus urgentes, de plus, la nullité des avantages offerts par la Compagnie fermière, qui exigeait de larges bénéfices, et laissait à l'État toutes les charges; le commerce, disons-nous, était loin de penser que les conclusions de la Commission seraient en faveur de l'affermage.

Vous savez, monsieur le Ministre, que les canaux soumissionnés en 1821 et 1822 étaient à peine achevés, que déjà l'État voyait surgir tous les embarras que lui suggérait l'omnipotence des Compagnies sur les tarifs. Aussi, dès 1840, y eut-il des négociations très suivies entre le ministre des travaux publics et les diverses Compagnies pour les faire consentir à des conditions de tarif plus favorables aux intérêts de l'agriculture et de l'industrie. Dès lors il fut question d'indemniser les Compagnies, pour que l'État rentrât en pleine possession des tarifs. Cette affaire ne put être menée à bonne fin, mais la discussion prépara les esprits et rendit plus facile l'obtention de la loi de 1845 sur le rachat des actions de jouissance. Il y eut, peu après ces négociations, des réductions assez notables sur les tarifs. Les Compagnies exigèrent ensuite quelques augmentations, et ne consentirent que pour des espaces de temps très courts les faveurs qu'elles voulurent bien accorder. Il a été fort bien démontré, dans l'exposé des motifs de la loi qui nous occupe en ce moment, combien cette situation précaire était fâcheuse pour améliorer le prix des transports, puisqu'elle ne permettait de former aucune entreprise sérieuse de batelage, nul n'ayant d'avenir devant soi, nul ne sachant quelquefois les conditions qui seraient faites dans les six mois. Lorsqu'on venait d'éprouver des déceptions aussi complètes dans les résultats des traités de 1821 et 1822, et au bout de si peu de temps, comment songer à en passer de nouveaux que des circonstances nouvelles et imprévues rendraient à coup sûr, dans peu d'années, tout aussi fâcheux que les premiers? En 1840, au moins, on n'avait pas encore acquis l'expérience que les chemins de fer nous ont donnée; mais aujourd'hui que nous savons à quoi nous en tenir, aujourd'hui que tout le monde sait comme les conditions les plus positives des cahiers des charges sont habilement éludées, qu'aucun intérêt n'est respecté, et que les Compagnies n'exploitent que pour leur grand profit, comment peut-on proposer d'introduire sur les canaux les mêmes inconvénients? . . . .

. . . .

Il ne faut pas s'étonner, monsieur le Ministre, si les parties intéressées préfèrent de beaucoup l'exploitation de l'État à l'exploitation des Compagnies. Il y a dans les deux manières de faire d'immenses différences.

Les canaux ont été creusés pour recevoir la circulation la plus active. Un des moyens les plus puissants pour atteindre ce but, c'est l'abaissement des tarifs. Il est rare qu'on prenne ce moyen sans éprouver, momentanément au moins, un déficit dans les recettes. Ainsi s'explique la résistance des Compagnies à la réduction des droits de péage. Cent mille tonneaux de transports à 0,02 c. et deux cent mille à 0,01 c. pour une Compagnie exploitante, c'est une seule et même chose, puisque c'est une perception égale; elle n'a pas d'autre examen à faire ; elle ne sera donc pas très portée à s'imposer des sacrifices pour arriver à doubler la circulation. Si on pouvait douter de ce que nous avançons ici, il n'y aurait qu'à se reporter à ce qui s'est passé en 1840 avec la Compagnie des Trois Canaux, dont le canal de la Somme, qui traverse toute la circonscription, fait partie. Le ministère proposait alors à la Compagnie de prendre pour minimum de produit net des canaux des Ardennes, de la Somme et Manicamp, le taux de 4 fr. par mètre courant, pour fixer la valeur des actions de jouissance. Le canal de la Somme, dont les produits sont bien autrement considérables que ceux du canal des Ardennes, a 156,600 mètres de longueur, à 4 fr. par mètre, c'est un produit annuel supposé de 622,400 fr., dont la moitié pour la Compagnie serait de 311,200 fr. En 1849, le canal de la Somme a donné de net produit 228,524 fr., suivant le tableau annexé au rapport tout récent de M. Ravinel; la moitié pour la Compagnie serait donc de 114,262 fr. Le Comité d'administration de la Compagnie des Trois Canaux, dans sa lettre du 12 octobre 1840, trouvait ce taux de 4 fr. trop bas, et demandait qu'il fût porté à 5 fr., attendu qu'on ne pouvait admettre, dans aucune hypothèse, que le produit net en 1870, alors dans trente ans, fût réduit à 4 fr. Peu après intervint l'ordonnance du 5 mars 1841, qui réduisit notablement le tarif du canal de la Somme. La circulation augmenta sensiblement, mais les recettes éprouvèrent du déficit. Au bout de dix-huit mois, les droits furent relevés d'un sixième; et depuis lors la Compagnie n'a jamais consenti à revenir complétement au tarif de 1841. Il s'agissait cependant dans sa pensée d'arriver à une circulation au moins triple, puisque le minimum proposé par le ministère, et qu'elle trouvait trop faible, lui supposait une recette pour sa part de 311,200 fr., au lieu de 114,262 fr. que la réalité lui a donnés en 1849.

Nous pourrions sans beaucoup de difficulté multiplier ces citations; nous avons préféré prendre un fait qui se passe en quelque sorte sous nos yeux, et, d'ailleurs, on ne contestera pas que les Compagnies s'occupent beaucoup plus des avantages présents que des avantages éloignés, et il n'est presque pas possible d'obtenir ces derniers sans sacrifier un peu de ceux actuels. Ainsi, il doit être reconnu pour bien évident que les Compagnies ne réduiront pas leurs recettes pour arriver à rendre le mouvement sur les canaux plus actif.

Mais le Gouvernement en userait-il de même? Non, sans doute. Le Gouvernement, dût-il perdre sur le tarif du canal, prendra les moyens d'augmenter la circulation, et ce sera une mesure avantageuse pour lui. En effet, une circulation plus active sur un canal est le signe incontestable que dans les contrées qu'il traverse il y a quelques changements heureux. C'est l'agriculture qui donne le plus de produits, c'est l'ouverture de nouvelles mines ou de nouvelles carrières, c'est une industrie qui se crée ou qui se développe. De là un commerce plus prospère, une plus-value des propriétés, l'aisance qui se répand au sein des populations, et l'État reçoit en droits de mutation, en contributions directes ou indirectes une compensation suffisante des sacrifices qu'il a faits sur les tarifs. Il y a donc pour l'État des avantages qui échappent aux Compagnies. L'État abaissera donc les tarifs aussitôt que l'utilité lui en sera démontrée; la Compagnie calculera, hésitera, et se décidera presque toujours à un refus.

Il est donc naturel, monsieur le Ministre, que l'agriculture, l'industrie et le commerce demandent à l'État de rester maître des tarifs sur les canaux, et qu'ils soient aux abois quand ils voient des hommes aussi éminents que ceux qui composent la commission chargée d'examiner le projet de loi sur le rachat des actions de jouissance des canaux, venir proposer leur affermage. Cependant la Chambre ne peut croire, monsieur le Ministre, que vous abandonniez le projet si sage de votre prédécesseur, qui est de soutenir devant l'Assemblée le rachat des actions de jouissance. Elle ne peut croire que nos représentants, avertis par les réclamations qui leur parviennent, consentent à sacrifier les intérêts des populations qu'ils ont mission de défendre, et ajoutent aux souffrances qu'éprouvent nos industries par suite d'événements que la prudence des hommes ne peut prévoir ni empêcher, d'autres souffrances qu'ils leur infligeraient en connaissance de cause et de propos délibéré.

LA CHAMBRE DE COMMERCE DE VALENCIENNES

A M. le Ministre de l'Agriculture et du Commerce.

A l'occasion du projet de rachat des actions de jouissance des canaux de 1821 et 1822, présenté par M. le ministre des finances, la Commission de l'Assemblée nationale chargée de l'examen de ce projet propose d'affermer ces mêmes canaux à des compagnies financières.

Les principaux motifs de cette résolution sont les suivants :

1° Que l'État en conservant l'exploitation des voies navigables sera forcément amené à la suppression des droits de navigation, et qu'il y aura par conséquent danger pour le Trésor d'être grevé de nouvelles charges ;

2° Que l'État ne sait pas administrer ;

3° Qu'il y a des dépenses considérables à faire sur les canaux pour les mettre à même de lutter contre les chemins de fer, et que le Trésor n'est pas en mesure de les effectuer.

Déjà de nombreuses et puissantes protestations se sont produites contre une mesure que l'on considère généralement comme compromettante pour la prospérité du pays.

Ces protestations ne sont-elles que le résultat d'une opposition suscitée par des intérêts particuliers, ou sont-elles réellement fondées? C'est ce que la Chambre de commerce de Valenciennes s'est proposé d'examiner. Elle s'est livrée à cet examen sans idée préconçue, sans préoccupation égoïste, sans autre mobile que celui du bien public ; elle vous apporte donc avec confiance, monsieur le Ministre, le résumé de ses délibérations.

Les traités de 1821 et 1822, en engageant l'avenir commercial et industriel de plusieurs de nos départements, ont été de la part du Gouvernement une de ces fautes que la prévoyance la plus vulgaire pouvait éviter et dont il ne parviendra à s'affranchir qu'au moyen de lourds sacrifices. — En proposant aujourd'hui le rachat des actions de jouissance, l'État cède à une nécessité absolue, celle de se soustraire aux tracasseries, à la résistance que les porteurs de ces actions opposent aux mesures d'utilité réclamées par l'intérêt général. — Si le rachat nous fait sortir d'une situation aussi fâcheuse, par le système de la Commission nous y rentrons immédiatement.

Une réflexion bien naturelle et bien simple se présente en effet à l'esprit. Pourquoi faire des sacrifices dans le but de se soustraire au mauvais vouloir d'une Compagnie, pour se rejeter immédiatement entre les mains d'une autre Compagnie? Oserait-on garantir que la seconde, une fois en possession du traité après lequel elle aspire, se montrera plus accommodante, moins difficultueuse que la première? Oserait-on garantir que les conditions nouvelles ne pèseront pas sur l'avenir, comme celles consenties par les traités de 1821 et 1822 pèsent actuellement sur nous? Nous avons l'expérience des embarras que nous ont légués les signataires de ces traités; que cette expérience ne soit pas perdue pour nous, et gardons-nous de donner à nos successeurs le droit de nous appliquer les reproches d'imprévoyance que nous pouvons adresser avec raison à nos devanciers.

Les grandes voies de communication sont un des principaux éléments de la puissance et de la richesse d'un pays; il sera donc toujours de la plus haute imprudence d'en aliéner la moindre parcelle.

On objecte que si l'État ne se lie pas les mains pour les canaux, il sera forcément amené à la suppression des droits de navigation.

Si l'État était amené à supprimer les taxes de navigation intérieure, comme il a supprimé les droits de barrière sur les routes, c'est qu'il en reconnaîtrait la justice et la convenance, c'est que des raisons puissantes l'y détermineraient en lui promettant en compensation d'autres avantages. — A nos yeux c'est là un motif de plus pour que l'État n'enchaîne pas sa liberté d'action.

On fait encore valoir que l'État ne sait pas administrer.

Nous ne pouvons admettre cette grave accusation. Si elle était méritée, il faudrait à l'instant fermer nos écoles spéciales, car il en résulterait qu'elles fonctionnent mal et ne portent pas les fruits qu'on devrait en attendre. Non, nous ne pouvons croire que les sujets distingués qui sortent de ces écoles ne sauraient faire ce que fait l'industrie privée. Il y a même, disons-le, dans une pareille allégation, quelque chose d'offensant pour le corps des ponts et chaussées. Parmi nos ingénieurs, s'il en est qui ne gèrent pas bien, ce n'est certainement pas faute de science et de connaissances; c'est qu'ils ne font pas tout ce qu'ils peuvent, tout ce qu'ils devraient faire. Dans ce cas, il appartient à l'administration d'aviser et d'engager, s'il le faut, leur responsabilité, comme on engage la responsabilité des architectes, des entrepreneurs, etc., etc.

L'objection la plus sérieuse résulte de ce qu'il y aurait des dépenses considérables à faire sur les canaux et que le Trésor n'est pas en mesure de les effectuer.

Si les Compagnies trouvent de l'argent, pourquoi l'État n'en trouverait-il pas? De deux choses l'une : il y a ou bénéfice ou perte dans l'exploitation des canaux. S'il y a bénéfice, indépendamment des raisons d'utilité publique, l'État, au point de vue financier, ferait mieux de ne pas s'en dessaisir, dût-il même recourir à des emprunts. S'il y a perte, il ne trouvera ni concessionnaires ni fermiers, car les concessionnaires et les fermiers ne se présenteront jamais qu'avec la perspective de gros bénéfices.

. . . .

S'il fallait démontrer par des faits combien les concessions des voies de communication sont dommageables pour le pays, il nous suffirait, monsieur le Ministre, d'appeler vos regards sur les divers cours d'eau qui nous avoisinent. Le canal de Saint-Quentin, les écluses de Fresnes et d'Iwuy, la Sensée, la Scarpe, la Deule, etc., etc., en fourniraient au besoin des preuves irrécusables.

En effet, n'avons-nous pas vu le canal de Saint-Quentin, dont la concession vient d'expirer, rapporter en vingt-deux ans aux adjudicataires une trentaine de millions, pour une dépense de 4 millions à peine, et couvrir, durant les deux dernières années, la totalité de la somme employée aux travaux qui avaient fait l'objet de la concession?

N'avons-nous pas aussi sous les yeux les écluses de Fresnes et d'Iwuy, dont les concessions ont été prorogées de trente-sept ans à raison d'une misérable dépense de 750,000 fr., et qui donneront, pendant ce terme, près de 12 millions de recette?

En présence d'un pareil état de choses, vous ne vous étonnerez pas, monsieur le Ministre, que nous ne soyons partisans ni des concessions ni de l'affermage des canaux.

Relativement à l'affermage, il est une considération qui doit dominer toutes les autres, et nous ne concevons pas qu'elle ait pu échapper aux hommes éminents qui composent la Commission de l'Assemblée nationale; nous voulons parler de l'accord qui pourrait intervenir entre la Compagnie fermière et les Compagnies de chemins de fer; accord inévitable, accord désastreux pour l'agriculture, le commerce et l'industrie.

En effet, quel peut être le but des Compagnies financières? celui de toute entreprise, de réaliser la plus grande somme possible de bénéfices. Or, il est évident que si les canaux et les chemins de fer se trouvaient concentrés en deux mains seulement, il y aurait intérêt majeur pour l'une et pour l'autre à s'entendre, à se concerter, afin d'accaparer, de monopoliser tous les transports, et de régler leurs tarifs de manière à obtenir la plus grande somme de produits avec la plus faible somme de dépense.

En vain on viendrait prétendre que les actes de concession peuvent prévenir une semblable coalition. Les actes de concession des chemins de fer sont là pour démontrer l'impuissance où se trouve le Gouvernement d'empêcher certains abus, certains traités secrets dont il n'est pas toujours facile de dévoiler l'existence.

Pour combattre les abus, pour maintenir les tarifs des chemins de fer dans des limites convenables, il n'est pas de moyen plus sûr pour l'État que de conserver la propriété et l'exploitation des canaux.

Dans ces circonstances, la Chambre de commerce de Valenciennes vous prie instamment, monsieur le Ministre, de vouloir bien employer toute votre influence pour faire adopter le projet de rachat des actions de jouissance présenté par M. le ministre des finances, et rejeter le projet d'affermage proposé par la Commission de l'Assemblée nationale.

LA CHAMBRE DE COMMERCE DE LILLE

A M. le Ministre de l'Agriculture et du Commerce.

La question de l'affermage des canaux à des Compagnies a préoccupé à bon droit les défenseurs des intérêts commerciaux en France. Ils voient dans cet affermage une opération financière qui peut dégénérer en une coalition d'intérêts entre tous les concessionnaires de nos voies de circulation, coalition ayant pour conséquence de faire payer le plus cher possible les transports, dont le bas prix seul peut vivifier l'agriculture, l'industrie et le commerce.

. . . .

La Chambre de commerce de Lille est préoccupée surtout de la crainte que les Compagnies fermières, dans le but d'assurer leurs revenus et d'annuler l'effet d'une concurrence redoutable pour elles, ne s'entendent avec les Compagnies de chemins de fer pour régler leurs tarifs de concert, et ne constituent ainsi un monopole absolu des transports.

Vos études personnelles des voies de communication, votre haute expérience industrielle, monsieur le Ministre, sont pour la Chambre de commerce de Lille, une grande garantie contre toute résolution contraire à l'avenir de notre prospérité commerciale. Toutefois, au moment où elle vient repousser l'abaissement des droits qui nous protégent contre l'invasion des houilles étrangères, en demandant des soulagements dans les tarifs de péage sur nos canaux, au profit des populations éloignées de nos bassins houillers, cette Chambre ne saurait assez recommander à votre sollicitude l'immense intérêt qu'il y a pour notre industrie et notre commerce à ne pas aliéner, au profit de la spéculation, la direction à imprimer à la circulation sur nos canaux.

. . . .

Dans un affermage général, ne sera-t-on pas porté à faire payer sur les quatre lignes du Nord des tarifs plus élevés que ceux actuels, afin de compenser plus complétement les pertes qui résultent des autres lignes, notamment des canaux de Bretagne, du Nivernais et du Berry? Dans tout état de cause, si le péage ne s'élève pas, tout au moins ne sera-t-il pas réduit pendant toute la durée de l'affermage; ce qui ne permettrait plus de donner satisfaction aux intérêts de nos villes du littoral pour les approvisionner plus économiquement des produits de nos bassins houillers.

Déjà la France a aliéné, sur un grand nombre de points, la faculté de régler, selon les intérêts généraux du pays, les tarifs de nos chemins de fer, en passant avec un grand nombre de Compagnies des engagements qui lient le commerce et l'industrie pour tout un siècle. Dans cette situation périlleuse, les canaux nous restent pour modérer les prétentions des Compagnies de chemins de fer dans ce qu'elles peuvent avoir d'exagéré : il est donc de la plus haute importance que la France ne compromette par aucune mesure législative la libre direction à donner aux conditions de la navigation intérieure.

LA CHAMBRE DE COMMERCE DE CHALON-SUR-SAONE

A M. le Ministre de l'Agriculture et du Commerce.

De tous les points partent des protestations contre le malencontreux projet de fermage des canaux. La Chambre de commerce du département de Saône-et-Loire, qui a l'honneur de vous compter parmi ses membres, représente des intérêts trop majeurs pour ne pas joindre sa voix à de si justes et si nombreuses réclamations. Elle vient faire appel à votre haute expérience et vous exposer ses vues.

Le but avoué des canaux est d'augmenter la richesse nationale, en facilitant le transport des produits du sol, soit à l'état de matières premières, soit manufacturées. Ce n'est qu'en faussant leur destination, qu'on a pu en venir à leur demander de pourvoir à l'intérêt et à l'amortissement du capital employé à leur construction et aux frais que nécessite leur entretien. . . . .

. . . .

La raison d'être d'un canal, ainsi que son utilité, se démontrent par la masse des marchandises auxquelles il donne passage, indépendamment de l'importance des recettes qu'il procure, ces recettes ne pouvant jamais être que d'une très minime importance comparées aux avantages que la société retire d'un commerce actif et florissant.

Il serait tout aussi facile de démontrer que c'est seulement par le tonnage des marchandises qui les parcourent que les canaux exercent une influence sur la richesse publique, et que la société s'appauvrit alors qu'un canal reste inoccupé, la perte étant d'autant plus grande que la fréquentation du canal est plus faible.

Ces vérités admises, il y a inconséquence à frapper de droits de navigation les marchandises qui suivent la voie des canaux ; il y a même injustice.

2

Personne n'a jamais pensé à imposer les routes de terre qui ont absorbé et absorbent encore tous les jours d'immenses capitaux; mais en tous cas, si l'on admet la nécessité des droits sur les canaux, leur quotité devrait être basée uniquement sur leurs frais d'entretien. . . . .

. . . .

Si, par ce qui précède, nous sommes parvenus à vous convaincre que pour remplir le but de leur création les canaux doivent recevoir le plus grand tonnage possible, que ce maximum demande des prix excessivement réduits pour être obtenus, il nous sera facile de prouver que le Gouvernement seul peut administrer dans ces conditions, et qu'une Compagnie fermière est totalement inhabile à les exploiter fructueusement pour le pays; qu'avec elle les canaux deviendraient un instrument de recettes et d'un odieux monopole, si au fermage l'imprévoyance du Gouvernement pouvait consentir à ajouter la faculté de faire la batellerie, ainsi que le demande la Compagnie Bartholony;

Que l'intérêt général, qui doit tout dominer, se trouverait gravement lésé par un contrat de fermage dont la conséquence certaine serait l'élévation des tarifs, et par suite la diminution de tonnage; car avec des droits élevés, les recettes de la Compagnie pourraient être doublées quand le tonnage serait réduit de moitié;

Que cette diminution de tonnage ne pourrait réagir sur la richesse publique, sans enlever à la nombreuse population occupée actuellement des transports, le travail qui est non-seulement l'aisance, mais le gagne-pain de la famille.

Est-il rationnel, dans ce moment où des études sérieuses se font, soit à Gênes, soit à Trieste, pour enlever à la France le transit des marchandises du Levant à la destination de l'Angleterre et de l'Allemagne, de prendre des mesures qui tendraient à rendre plus lourd le fret des marchandises, et nous priveraient infailliblement des avantages attachés à ce transit? Poser la question, c'est la résoudre. Convaincus que le Gouvernement peut et doit se débarrasser des entraves que lui imposent les lois de 1821 et 1822, nous demanderons :

Qu'en vertu de la loi du 29 mai 1845, l'Assemblée nationale décrète l'expropriation pour cause d'utilité publique, c'est-à-dire le rachat, des actions de jouissance.

Que ce rachat s'effectue sans débours pour le Trésor, en fixant seulement dès aujourd'hui la quotité des annuités afférentes à chacune de ces actions.

Cette solution nous semble, monsieur le Ministre, sauvegarder tous les intérêts engagés dans cette grave question, et nous espérons qu'en présence de l'émotion générale, excitée par la crainte de voir adopter des propositions faites par une Compagnie financière pour l'affermage des canaux, la Commission chargée de l'examen du projet de rachat des actions de jouissance reviendra sur les résolutions qu'elle paraît disposée à soumettre à l'Assemblée législative.

Nous comptons, monsieur le Ministre, que vous apprécierez les motifs que nous venons d'avoir l'honneur de vous exposer, et que vous voudrez bien combattre de votre haute influence tout projet d'affermage des canaux.

LA CHAMBRE DE COMMERCE DE LYON

A M le Ministre de l'Agriculture et du Commerce.

. . . .

Dans la préoccupation générale excitée par la création des chemins de fer, on semble avoir cessé de savoir que, indépendamment des grandes lignes fluviales qui sont les artères naturelles du territoire national, il existe d'autres lignes, pour ainsi dire artificielles, qui viennent s'y rattacher, et qui, les reliant les unes aux autres, fournissent les moyens d'opérer à prix modérés et sans solution de continuité les transports d'objets encombrants, d'un bout de la France à l'autre.

Quelques services que les chemins de fer soient appelés à rendre, il est notoire qu'il existe une quantité de marchandises et de matières premières au transport desquelles le plus ou moins de célérité importe très peu, mais auxquelles le bon marché de ce même transport est indispensable ; ce sont les chargements de cette nature qui usent des voies fluviales et des canaux. Mais il s'en faut de beaucoup que la navigation marchande rende les services qu'on serait en droit d'en attendre ; cela tient à deux causes essentielles : l'abandon dans lequel reste l'application aux rivières et aux canaux d'un régime persévérant et progressif, nous ne disons pas seulement d'améliorations, mais simplement d'entretien et de réparations ; et en second lieu, l'énormité des droits dont la navigation est grevée.

Quant aux voies fluviales, c'est de l'État seul que dépend le remède ; est-il permis d'espérer que, si la prospérité des finances publiques se rétablit et se consolide, le Gouvernement ne négligera pas de faire participer la navigation aux bienfaits d'une situation plus favorable, soit en affectant de larges crédits aux travaux à faire pour améliorer les cours d'eau, soit en apportant de notables diminutions aux tarifs des droits de navigation, en attendant qu'il les puisse supprimer tout à fait ?

Mais relativement aux canaux appartenant à des Compagnies, tout espoir de ce genre est à peu près interdit, parce que les Compagnies n'ont d'autre but que d'obtenir des produits, et qu'au premier rang des moyens propres à les réaliser, elles plaçent l'économie dans la dépense et la progression dans les recettes. Pour obtenir l'une, elles ne font que tout juste ce qu'il faut de frais pour ne pas laisser périr les ouvrages et constructions d'art qu'elles exploitent, et pour leur faire rendre de grosses recettes, elles chargent et forcent les tarifs dans des proportions démesurées.

Si la loi de rachat est votée, et qu'elle mette les canaux aux mains de l'État, les mêmes espérances qu'on forme pour l'avenir des voies fluviales seront permises à l'égard des voies artificielles, c'est-à-dire qu'au fur et à mesure que la fortune publique se rétablira, les canaux recevront les améliorations matérielles qui y sont réclamées, et leurs tarifs s'abaisseront jusqu'à ce que leur entière suppression soit praticable.

Mais si, tout en espérant le rachat, l'État se borne à ne faire qu'une opération qui aura pour unique effet de transporter l'exploitation des canaux d'une Compagnie à une autre ; en d'autres termes, s'il rachète des Compagnies concessionnaires pour remettre à bail à des Compagnies fermières les canaux rachetés, la situation sera pire qu'auparavant, vu que certains ménagements, dont les concessionnaires ne peuvent absolument s'affranchir, cesseront même d'être observés par les Compagnies fermières.

Ainsi, que ces Compagnies trouvent leur avantage dans des transactions qui auront pour effet d'anéantir les transports par eau au profit d'autres voies de communication ; qu'il leur convienne de constituer un monopole, qu'elles veuillent favoriser ou contrarier des spéculations, quelques précautions qui aient été prises dans la rédaction des cahiers des charges qui leur seront imposés, il sera bien difficile qu'elles ne parviennent pas à les éluder, au grand préjudice et du commerce des transports et des industries qui l'alimentent.

Notre Chambre de commerce, monsieur le Ministre, appelle toute votre sollicitude sur ces considérations ; elle vous prie aussi d'en faire part et de les recommander à M. le ministre des finances, afin qu'il maintienne les projets de loi qu'il a soumis à l'Assemblée nationale dans la stricte limite de la question du rachat et en dehors de toute modification qui tendrait à faire résoudre accessoirement celle de l'affermage.

En exprimant ce vœu, ce n'est pas seulement du commerce de Lyon que notre Chambre est l'organe, mais encore de toutes les populations du Midi, de l'Est et du Centre, qui participent à l'usage des voies fluviales et artificielles, et qui lui ont fait parvenir, dans des pétitions couvertes de signatures, le témoignage unanime de l'opinion publique de leurs localités respectives.

CHAMBRE DE COMMERCE D'AVIGNON.

Extrait des registres des délibérations de la Chambre de commerce d'Avignon.

M. le président fait donner lecture d'une lettre qui lui a été remise, et par laquelle la Chambre est priée de prêter son appui à une pétition signée par 24 négociants notables d'Avignon et de Carpentras, qui protestent contre le monopole que viendrait inaugurer l'affermage pendant 50 ou 60 ans à une Compagnie financière de nos principales lignes navigables, sur lesquelles toute espèce de concurrence deviendrait bientôt impossible.

Les pétitionnaires font valoir les inconvénients qui résulteraient de la création d'intérêts opposés à l'intérêt général, et l'omnipotence d'une ou plusieurs Compagnies qui, n'agissant et n'administrant, comme l'expérience l'a démontré, qu'au point de vue de leurs intérêts particuliers, reculeraient devant les améliorations et les réductions de tarifs qui seraient nécessaires, et ne pourraient lutter contre la concurrence des chemins de fer.

L'État, au contraire, serait, ajoutent-ils, toujours disposé aux concessions que réclameraient les éventualités et les intérêts commerciaux, et en assurant l'existence des bateliers, il conserverait à l'industrie et à la consommation des matières premières des garanties de facilité et d'économie sans lesquelles tout progrès devient difficile pour ne pas dire impossible.

Cette lecture entendue, la Chambre, après un mûr examen, ne peut s'empêcher de remarquer que les craintes exprimées par les pétitionnaires seraient fondées, si les vues du Gouvernement étaient en effet telles qu'ils les annoncent.

Mais la Chambre croit que le Gouvernement, instruit par l'expérience, ne voudrait pas concéder la jouissance des canaux sans conditions. Le projet présenté pour le rachat indique déjà qu'il a senti les inconvénients des marchés et tarifs à long terme qui entravent toute amélioration et sont un obstacle au bon marché des transports.

Toutefois la Chambre, considérant que notre ville est surtout intéressée dans la question, et que tout monopole de transports amènerait, outre les abus inévitables, des tracasseries de tous genres pour l'industrie et le commerce, croit devoir aux intérêts qu'elle représente de déclarer que si le Gouvernement entrait dans la voie signalée par la pétition qui lui est communiquée, elle n'hésiterait pas un moment à joindre sa protestation à celle qu'elle renferme.

La Chambre charge son bureau de transmettre à qui de droit la présente délibération.

LA CHAMBRE DE COMMERCE DE BESANÇON

A M. le Ministre du Commerce.

L'Assemblée nationale est saisie d'un projet de loi qui a pour but le rachat des actions de jouissance des canaux. Cette mesure, depuis longtemps sollicitée au nom des intérêts de l'agriculture, de l'industrie et du commerce, a été accueillie dans nos contrées avec la plus vive satisfaction.

Mais la Commission de l'Assemblée va, dit-on, dans son rapport sur ce projet, lui proposer de voter en même temps l'affermage des canaux à une ou plusieurs Compagnies financières. La seule appréhension de cette seconde mesure excite déjà les inquiétudes et les alarmes du commerce.

Au lieu de la diminution graduelle des charges qui pèsent sur les canaux, dont le rachat des actions lui donnait la perspective, il n'entrevoit dans l'affermage qu'une source prochaine de nouveaux sacrifices et de nouvelles entraves pour la navigation. Il ne comprend pas que, tout en sortant d'une situation que l'expérience a reconnue si pleine d'inconvénients et de mécomptes, on puisse, pour ainsi dire, sans examen et sans études préalables, se précipiter dans une voie non encore expérimentée, et courir ainsi la chance de mécomptes peut-être encore plus graves que ceux dont on échappe.

C'est un malheur en France que de se passionner pour une idée, pour un système, et de pousser à sa réalisation immédiate sans se donner le temps d'en examiner la portée et d'en peser toutes les conséquences.

La question de l'affermage des canaux nous paraît essentiellement dans ce cas Produite en 1850, on veut la résoudre par la pratique en 1851 ! La raison, ce semble, commande au législateur plus de discrétion et plus de prudence ; et nous pensons qu'il serait à la fois plus rationnel et moins dangereux à la navigation de permettre, ne fût-ce qu'à titre d'essai, son libre développement sous le régime nouveau que le rachat introduit, sauf à étudier dans l'intervalle et s'il en est besoin la question de l'affermage.

Elle ne peut que gagner à un ajournement. Les conditions de l'affermage en seraient plus mûrement étudiées, pour éviter surtout de livrer la navigation à un monopole redoutable, à tous égards, aux intérêts qu'elle est appelée à desservir.

C'est ce danger qui sollicite les inquiétudes et les appréhensions du commerce. Nous sommes ses organes et nous vous prions instamment de faire tous vos efforts pour repousser la mesure que propose, dit-on, la commission de l'Assemblée nationale, ou, tout au moins, pour obtenir l'ajournement de cette question, jusqu'à ce que des études plus sérieuses, à son égard, permettent d'en apprécier plus sûrement la portée et les effets probables.

CONSEIL GÉNÉRAL DU BAS-RHIN.

. . . .

Les routes, les canaux, les chemins de fer sont créés pour rendre les communications et les transports faciles et économiques, dans l'intérêt général comme dans celui du Trésor, car le mouvement des affaires et la prospérité publique fécondent tous les impôts, et le Gouvernement retrouve ainsi indirectement et avec usure tous les sacrifices que lui impose la création de bonnes voies de circulation et de transport. Ces vérités sont tellement évidentes qu'on n'a jamais cherché à les contester. L'on regarderait, en effet, comme étrange la proposition d'imposer les routes, d'un droit de barrière égal à l'intérêt des capitaux consacrés à leur construction et aux frais d'entretien. C'est cependant un motif analogue que l'honorable M. Berryer cherche à faire valoir, en établissant que les droits de navigation ne rapportent pas l'intérêt des capitaux qui ont été consacrés à leur création.

La construction des voies de circulation et de transport ayant pour but de rendre les communications aussi économiques que possible, toute imposition va directement contre le but, car il est parfaitement illogique de créer des voies de circulation, afin de rendre les transports faciles et économiques, et de les imposer ensuite.

Toutefois, il n'y a rien d'absolu dans les principes, et il faut admettre les nécessités qui peuvent en arrêter ou modifier momentanément l'application.

Nous admettons ainsi que la création de nombreux canaux et de chemins de fer peut motiver l'imposition momentanée de droits de navigation et la concession de chemins de fer à des Compagnies pour une période limitée; mais nous contestons le droit à la génération présente d'aliéner sans nécessité l'avenir par des concessions temporaires, et nous lui dénions absolument celui de faire des concessions à perpétuité. Heureusement la France est peu engagée dans cette dernière voie, car il n'y a qu'un petit nombre de concessions à perpétuité de peu d'importance.

Si la France a la sagesse de faire le moins de concessions possible de voies de transport, d'en restreindre la durée, elle se préparera un avenir heureux dans cette lutte engagée entre toutes les nations; elle pourra un jour affranchir ses voies de transport, et acquérir ainsi la prépondérance sur l'Angleterre qui a fait des concessions à perpétuité.

D'autres pays ont parfaitement compris l'intérêt immense de laisser dans la main du Gouvernement les voies de transport; c'est ainsi que la Belgique se trouve fort bien de la création au compte de l'État de ses chemins de fer, et même de leur exploitation; c'est ainsi que l'on voit le grand-duc de Bade, pour attirer la circulation dans son pays, rembourser à la batellerie l'octroi du Rhin, et réduire le tarif du chemin de fer.

Nous devons répéter ici que ce serait chose illogique et contraire à l'intérêt de la France que de concéder la moindre partie des voies navigables du Havre et de Marseille à Strasbourg, parce que la modération des droits de navigation ou leur suppression entière peut être nécessaire pour assurer le débouché de nos produits, et protéger notre commerce sur les marchés étrangers.

M. Berryer, dans son rapport, n'a pas craint d'émettre des opinions entièrement contraires aux véritables principes de l'économie politique et aux faits constatés par de fâcheuses expériences.

Il ne dit pas un mot de l'intérêt national de ne pas aliéner nos voies navigables, qui sont en concurrence avec des voies de transport rivales étrangères, comme le canal du Rhône au Rhin; il prône le système de concessions à perpétuité de l'Angleterre, qui est vieux et qui porte le cachet des temps où il est né; il ne dit pas un mot de l'exemple de la Belgique, du grand-duc de Bade et de tous nos voisins, qui mettent une sollicitude constante à s'assurer par toutes les faveurs possibles le transit des marchandises et le débouché des productions industrielles et agricoles du pays. Il cite Colbert comme favorable aux concessions; mais si Colbert vivait aujourd'hui, il serait homme de notre temps et du progrès, et il ferait tous ses efforts pour retenir dans la main du Gouvernement nos voies navigables qu'on veut affermer pour un siècle à une Compagnie sans nécessité aucune et sans compensation d'avantages réels. M. Berryer veut que le capital consacré aux canaux soit productif d'intérêts pour l'État; il trouve, chose étrange, que la réduction des impôts ne diminue pas le prix de vente des choses. En appliquant ce principe, il serait donc indifférent que l'on imposât 5 ou 6 centimes de droits de navigation par kilomètre et par tonne de marchandise, ou qu'on n'en perçût qu'un ou deux centimes! Ce sont là des hérésies qu'on ne réfute pas, mais qui sont habilement présentées et qui pourraient induire en erreur ceux qui ne jugeraient que d'après quelques cas exceptionnels, qui se rattachent à des ventes de détail. Il est ainsi vrai de dire que si l'on diminuait de 2 centimes, par exemple, l'impôt sur le litre de vin, beaucoup d'aubergistes qui en débitent ne réduiraient pas leur prix de vente par litre ou demi-litre ; mais il n'est pas moins vrai que dans les ventes par pièce, le prix du vin avec droits acquittés diminuerait immédiatement dans la proportion de la réduction du droit. La même chose a lieu pour les frais de transport, car la batellerie transporte à d'autant meilleur marché, que les droits de navigation sont plus réduits.

Il établit que la Compagnie concessionnaire ou le monopole activera la circulation sur les canaux beaucoup plus que ne pourrait le faire la libre concurrence de notre nombreuse batellerie. C'est encore un principe opposé à toutes les notions reçues et qu'il est difficile de comprendre; mais il faut naturellement faire le procès à la batellerie, puisqu'on veut la ruiner et la détruire, et y substituer le monopole de transport d'une Compagnie unique.

Il faut admirer le talent et l'art avec lesquels tous les arguments en faveur du monopole d'une Compagnie unique sont présentés et enchaînés. Il y a jusqu'aux expressions qui perdent leur véritable sens ; c'est ainsi que celle d'*exploitation des canaux* est toujours employée pour le Gouvernement comme pour la future Compagnie concessionnaire ; mais l'État n'exploite pas les canaux, il se borne à les entretenir et à percevoir les droits de navigation, tandis que la future Compagnie serait non-seulement maîtresse des tarifs, mais exploiterait elle-même les transports. Si malheureusement elle arrivait à se rendre dominatrice de ces voies navigables, elle les exploiterait non-seulement par la perception des droits de navigation énormes, mais encore par un monopole de transports ; elle exploiterait même tout le monde, après avoir détruit la batellerie libre.

L'application des principes professés dans le rapport de la Commission conduirait au rétablissement des fermiers-généraux, car l'intérêt privé seul pourrait enfanter des miracles, le Gouvernement ne serait plus apte à construire et à entretenir des canaux et à percevoir des droits de navigation ; il aurait même trop de faiblesse pour pouvoir résister aux réclamations de l'industrie et du commerce qui ne cessent de demander la réduction des droits de navigation. Il faudrait aliéner nos voies navigables pour un siècle afin de couper court à toute réclamation, et de nous ramener pieds et poings liés à l'immobilité des bons vieux temps !

Examinons maintenant les conditions d'affermage proposées par la commission.

Le Gouvernement ne s'est pas prononcé sur l'affermage, il n'entend au préalable que racheter les actions de jouissance et il a déclaré ne pas admettre une Compagnie unique, mais plusieurs Compagnies, s'il y avait lieu à affermage. La Commission, que fait-elle? Pour ne pas heurter de front les sages vues du Gouvernement, elle établit que dix canaux à affermer seraient mis en adjudication isolément ou par groupes, mais que si tous les lots n'étaient pas soumissionnés, il ne serait admis qu'une seule Compagnie unique, afin d'assurer l'affermage de la totalité de ces dix canaux ; or parmi ces canaux il y en a plusieurs qui non-seulement ne donnent aucun revenu, mais qui ont constamment produit de la perte, comme les canaux du Nivernais, de Nantes à Brest et de l'Ille à Rance. Il est donc bien certain qu'il n'y aura pas de Compagnies pour tous ces canaux et qu'ainsi leur mise en adjudication par lots est illusoire ; mais pour en tout cas assurer le succès de la Compagnie unique, le bloc est réservé, au cas qu'il y aurait des soumissionnaires pour tous les lots des dix canaux. Le succès de la Compagnie unique est donc d'autant mieux assuré, que l'adjudication ne porte que sur l'abaissement du temps de la concession, fixé à quatre-vingt-dix-neuf ans.

Les prétendus avantages qu'offrirait la Compagnie concessionnaire, indépendamment des merveilles qu'elle devra réaliser, d'attirer sur les canaux une circulation que notre nombreuse batellerie libre n'a pas eu le temps d'y faire arriver, consisteraient à consacrer à l'amélioration des canaux 40 millions de francs, fournis dans une série d'années, et dont l'État lui payerait l'intérêt à 4 pour 100, plus 20 millions pour le rachat des actions de jouissance ; c'est en tout une somme de 60 millions, dont les derniers 20 millions ne sont même payables qu'à longs termes, puisque le rachat des actions de jouissance se ferait d'après la loi du 29 mai 1845 en un grand nombre d'annuités. En retour de ces faibles avantages, le Gouvernement s'engagerait, comme on vient de le voir, à payer à la Compagnie l'intérêt de 40 millions à 4 pour 100, soit 1,600,000 ; il lui abandonnerait immédiatement la jouissance des droits de navigation, qui s'élèvent à plus du double des droits actuels qui eux-mêmes entravent la circulation et sont le sujet de tant de plaintes.

Les produits actuels des dix canaux à concéder sont évalués par le ministre à un revenu annuel de 2,408,729 francs, et par la commission, d'après une moyenne de six ans, à 562,579 francs seulement. L'on sait ce que c'est que l'art de grouper les chiffres, et sans vouloir entrer dans un examen plus approfondi et nous rendre juges de la question, nous avons naturellement plus de confiance dans l'évaluation du ministre, qui est sans doute basé sur le revenu net actuel des canaux, que dans celle de la Commission, qui recherche ses données dans une moyenne qui comprend les années 1846 et 1847 rendues désastreuses par la disette, celles de 1848 et 1849, pendant lesquelles la révolution avait arrêté toutes les affaires.

Il est donc évident que la Compagnie concessionnaire jouerait sur le velours, que l'État supporterait les charges et qu'elle aurait les bénéfices, car 1,600,000 francs d'intérêts dont serait grevé le Trésor et 2,500,000 francs de revenus actuels des canaux, résultant d'un tarif modique, présenteraient déjà un revenu actuel de plus de 4,000,000 francs au profit de l'heureuse Compagnie.

Si le gouvernement, qui peut effectuer aussi bien que la Compagnie le rachat des actions de jouissance, en donnant des annuités, était dans la nécessité d'emprunter successivement 40 millions pour l'amélioration des canaux, et s'il en payait l'intérêt à 5 pour 100, il n'en résulterait qu'une charge annuelle de 2 millions qui pourrait être convertie en rentes perpétuelles sur l'État, et dont le service serait parfaitement assuré par les revenus des canaux qui présenteraient sans aucun doute un excédant considérable qu'on pourrait affecter à la modération des droits de navigation.

Il n'y a donc aucun motif plausible pour affermer les canaux pour un siècle, car ces canaux, restant dans les mains de l'État, n'exigeront successivement que des sommes modiques que le Trésor pourra facilement fournir dans des temps meilleurs et dont il retrouvera l'équivalent dans les revenus mêmes des canaux ; ce serait donc une opération désastreuse que de concéder ces canaux pour un siècle à une Compagnie qui n'aurait à fournir annuellement que quelques millions et à laquelle l'État assure un intérêt de 4 pour 100 l'an sur un capital de 40 millions, qu'elle emprunterait sous sa garantie d'intérêt.

Il résulte d'une note au bas de la page 51 du rapport de l'honorable M. Berryer, que le taux moyen des droits de navigation actuels perçus sur les dix canaux à affermer est de 1 cent. 848 millièmes par tonne et par kilomètre. Le tarif proposé pour la future Compagnie (page 44 du rapport) forme cinq classes de marchandises taxées à des droits fort élevés, auxquels il faut encore ajouter 1 centime ou 1/2 centime par kil. et par tonne, en vertu d'une petite clause accessoire qui admet pour les marchandises de première, deuxième et troisième classe, la perception de 1 centime, et de 1/2 centime pour les marchandises de quatrième et cinquième classe.

De plus, la nomenclature de marchandises des cinq classes est très restreinte et celles non dénommées sont classées par assimilation, on ne dit pas par qui ; ce sera sans doute par la Compagnie qui interpréterait le tarif à son plus grand avantage.

Le tarif porte :

1re	classe	4 cent.	percept.	accessoire	1	cent.	ensemble	5 cent.
2e	—	3	—	—	1	—	—	4
3e	—	2	—	—	1	—	—	3
4e	—	1 1/2	—	—	1/2	—	—	2
5e	—	1	—	—	1/2	—	—	1 1/2
								15 1/2

Moyenne de la taxe nouvelle : 3 1/10 centimes par kilomètre et par tonne.

Ce tarif est excessif en le comparant au taux moyen des taxes actuelles de 1 centime 848 millièmes, car le taux moyen nouveau est de 3 1/10 centimes, c'est-à-dire plus du double des taxes actuelles, dont on se plaint généralement, qui entravent aujourd'hui la circulation et qui sont le sujet de tant de plaintes et de réclamations. Il est donc évident que la future Compagnie ne pourra faire aucun bénéfice par l'application du nouveau tarif, car celui-ci ferait déserter les canaux et en diminuerait les revenus : l'excès des taxes produit toujours cet effet.

A la vérité, la Compagnie concessionnaire pourra proposer la réduction des taxes, mais le Gouvernement ne peut pas l'y contraindre.

On se demande donc pourquoi le tarif porte des droits si élevés évidemment défavorables au produit des canaux et à la Compagnie elle-même. La réponse est facile à donner. La future Compagnie n'entend pas du tout bénéficier sur les droits de navigation, mais sur le monopole des transports, qui pourrait devenir une affaire magnifique pour elle et ruineuse pour le public, si une entente tacite avec la Compagnie des chemins de fer avait lieu. Il faut prévoir la possibilité de cette entente, car on la trouve toujours dans les affaires et dans les œuvres des grandes Compagnies, quand il s'agit d'intérêts communs au détriment du public.

Le cahier des charges porte à la vérité que la Compagnie sera tenue de porter en recette des droits de navigation de tous les transports qu'ils soient faits par la Compagnie concessionnaire, ou par la batellerie libre, et qu'il ne pourra être fait de faveur ou de réduction au profit de personne ; mais ce n'est là qu'un côté de la question, car le prix de transport se compose :

1° Des droits de navigation,

2° Des frais de traction.

Ces deux éléments constituent le prix du transport.

Admettons que l'élément du droit reste invariable et soit le même pour la Compagnie, comme pour la batellerie ; l'autre élément, les frais de traction, sera abandonné au libre arbitre de chaque entreprise.

La Compagnie concessionnaire, à laquelle personne sans doute ne refusera l'intelligence de ses intérêts, ne proposerait au Gouvernement aucune diminution de droits de navigation, mais réduirait ses frais de traction ; elle trouverait la compensation de ce sacrifice dans la perception des droits de navigation, et la batellerie libre serait dans l'impossibilité de concourir ; le monopole serait fait et la batellerie détruite !

Pour terminer ce rapport, déjà très étendu, par une démonstration de chiffres, qui n'admet pas de contradiction, nous dirons :

Qu'en moyenne les frais de traction sur le canal du Rhône au Rhin sont, par kilomètre et par tonne, de. . . . . . . 2 centimes.

Le tarif de la Compagnie pour la première classe de marchandises serait de. . . . . 5 —

Total du prix de transport par kilom. et par tonne. 7 centimes.

Il en résulte que les droits de navigation forment les 5 septièmes du prix de transport des marchandises de première classe, les 4 sixièmes pour celles de deuxième classe, et les 3 cinquièmes pour celles de la troisième classe.

Ces droits sont tellement excessifs, qu'on ne peut les admettre sans retomber dans les fautes commises à l'occasion des concessions de canaux de 1821 et 1822; les leçons de l'expérience sont-elles donc perdues, et la France sera-t-elle destinée à subir de nouveau toutes les pertes, toutes les entraves, toutes les tracasseries que lui ont values les concessions de 1821 et 1822? Les Compagnies concessionnaires de cette époque n'ont pas du moins eu la faculté de ruiner la batellerie libre, comme on propose de la donner à la future Compagnie unique, qui, en faisant le sacrifice d'un seul centime sur les frais de traction de 2 centimes, dont elle aurait une ample compensation dans la perception des droits de navigation excessifs, tuerait facilement la batellerie libre, et constituerait à son profit un magnifique monopole de transport. Lorsque la batellerie aurait disparu avec son matériel, elle ne pourrait plus revivre, et la Compagnie concessionnaire percevrait les frais de transport qu'il lui plairait de fixer; elle exploiterait ainsi, non-seulement les canaux, mais encore le public selon son bon plaisir.

L'on voit ainsi que le projet de loi et le cahier de charges improvisés par la Commission de l'Assemblée nationale pour l'affermage des canaux, contrairement à l'opinion du Gouvernement, ne présentent aucune espèce de garantie et sacrifieraient, sans avantage aucun, des intérêts de premier ordre.

Le conseil adopte à l'unanimité les vœux suivants :

1° Que l'achèvement des canaux ait lieu au moyen d'un emprunt spécial ou sur les fonds du Trésor ;

2° Que les actions du canal du Rhône au Rhin soient rachetées, afin que le Gouvernement soit toujours libre de modérer ou même d'abolir les droits de navigation sur cette grande voie navigable, destinée à assurer la prépondérance des produits et du commerce français en Suisse et dans une grande partie de l'Allemagne, sur les voies de transport rivales de l'étranger ;

3° Qu'en cas de nécessité d'affermer des canaux servant à la circulation intérieure, chaque ligne soit concédée à une Compagnie spéciale, avec interdiction à la Compagnie concessionnaire d'établir des services de transport et de faire des réductions de droits de navigation à aucun des services de batellerie.

LA CHAMBRE DE COMMERCE DU HAUT-RHIN

A Messieurs les membres de l'Assemblée législative.

Vous allez être appelés à décider d'une mesure qui exercera une influence vitale sur les sources de prospérité, sur les éléments de travail et de production de la France.

M. le ministre des finances avait, en exécution de la loi du 29 mai 1845, présenté un projet de loi pour le rachat des actions de jouissance du canal du Rhône au Rhin et des Quatre-Canaux.

Vous avez renvoyé le projet de loi à l'examen d'une Commission, qui vient de faire son rapport. Ce rapport, en rejetant la proposition du Gouvernement, conclut à l'affermage à des Compagnies financières, non-seulement de neuf canaux pour l'achèvement desquels l'Etat a fait des emprunts sur hypothèque en 1821 et 1822, mais même du canal du Centre, pour lequel il n'y a ni emprunt, ni actions de jouissance donnant droit au partage des produits.

La Chambre de commerce du Haut-Rhin, après avoir examiné le rapport de votre Commission, a acquis la conviction que cette Commission avait été induite en erreur ; et elle croit remplir un devoir en vous soumettant ses observations, persuadée qu'il est impossible que vous adoptiez une mesure aussi désastreuse, si, avant de prendre une décision, vous êtes mis à même d'en apprécier toutes les conséquences.

Comme le rapport de la Commission a été imprimé et distribué, nous suivrons ce rapport, en indiquant successivement les pages et les paragraphes auxquels nos observations s'appliquent.

Suit la discussion de tous les articles du rapport, après laquelle la Chambre conclut ainsi :

Par ce qui précède, nous croyons avoir démontré suffisamment :

1° Que la Commission a commis de graves erreurs dans l'appréciation des droits des porteurs d'actions de jouissance des canaux pour lesquels l'État a fait des emprunts en 1821 et 1822, de même que des droits éventuels des concessionnaires de chemins de fer ;

2° Que le rachat des actions de jouissance des canaux que la Commission propose d'affermer, en prenant le maximum déterminé par elle, ne causerait à l'État qu'une charge annuelle d'environ fr. 1,150,000 pendant les trente années fixées par M. le ministre des finances ;

3° Que, d'après les états fournis à la Commission par le même ministre, la somme à dépenser par l'État pour travaux à effectuer dans les canaux que l'on propose d'affermer, ne serait que de fr. 7,174,000 pour travaux considérés comme urgents; fr. 10,534,000 pour travaux pouvant s'ajourner sans inconvénient, et fr. 7,210,000 pour travaux d'avenir, projetés seulement;

4° Que, lorsque même, par l'affermage des dix canaux, le fermier se chargerait de faire l'avance de la somme requise pour les deux objets précités, l'État serait également forcé de dépenser des sommes considérables pour améliorer la navigation des rivières auxquelles les canaux aboutissent ;

5° Que, suivant les clauses proposées par la Commission, le monopole des transports sur les canaux affermés serait inévitable, de même que les arrangements entre les fermiers des canaux et les entrepreneurs des chemins de fer pour maintenir le prix des transports à un prix élevé ;

6° Que l'application du tarif proposé par la Commission aurait pour résultat, que, si le fermier le maintenait au maximum, les marchandises devraient se porter sur les chemins de fer, partout où il existerait de ces derniers en concurrence avec les canaux ; et que, en tout cas, d'après l'exemple fourni pour le canal du Rhône au

Rhin, ce tarif procurerait aux fermiers des bénéfices énormes, dont l'État payerait directement la majeure partie, et que les fermiers prendraient sans partage pendant quinze années et par moitié les années suivantes; en sorte que ces sommes seules, si l'État se les réservait, seraient bien plus que suffisantes pour racheter les actions de jouissance et faire les travaux nécessaires aux canaux;

7° Que le mode suivi jusqu'ici par le Gouvernement, de faire exploiter les canaux par le public, a produit à ce dernier des avantages immenses, qu'aucune combinaison financière n'aurait pu et ne pourrait lui procurer, quoiqu'ils soient moins apparents et difficiles à réduire en chiffres; en même temps que l'État en a profité par des voies indirectes;

8° Que l'adoption de la mesure proposée par la Commission ne profiterait qu'aux Compagnies financières; qu'elle aurait pour conséquence la ruine d'une grande partie de la batellerie, des entrepreneurs de transports; qu'elle ferait élever sensiblement le prix des transports en général, et serait désastreuse pour l'agriculture, le commerce et l'industrie.

Par tous ces motifs, nous espérons, messieurs les Représentants, que, dans l'intérêt général de la France, vous adopterez *définitivement* le projet de rachat des actions de jouissance, présenté par le Gouvernement, et que vous repousserez le projet d'affermage proposé par la Commission.

PÉTITIONS

De nombreuses pétitions ont été adressées contre l'affermage des canaux par la batellerie, le commerce, les industries minérales et manufacturières. La Commission, qui a pu avoir connaissance de quelques-unes de ces pétitions, n'a répondu à aucune, et comme pour justifier les craintes des pétitionnaires, elle présente à l'Assemblée des tarifs plus que doubles des tarifs actuellement perçus, sans alléguer aucun motif, et en proposant de faire porter l'adjudication non pas sur les tarifs, mais sur la durée du fermage.

Nous nous bornerons à citer quelques-unes des pétitions qui émanent des intérêts les plus généraux.

Pétition adressée à M. le Ministre des Finances.

Monsieur le Ministre,

Les soussignés, négociants, industriels, entrepreneurs de transports par eau et bateliers, justement alarmés des propositions qui vous sont faites relativement à l'affermage des canaux du Rhône au Rhin, de Bourgogne, de ceux du Centre, de Bretagne et d'Arles à Bouc, viennent invoquer votre juste sollicitude pour de hauts intérêts qui seraient infailliblement sacrifiés si ces propositions étaient adoptées.

En effet, monsieur le Ministre, l'industrie ne peut qu'éprouver les plus vives inquiétudes lorsqu'elle voit se produire ce fatal projet, qui enlèverait encore à l'État pour cinquante ou soixante années la direction et l'administration de ce réseau si considérable et si important de nos voies navigables, qui aliénerait ces seules garanties d'une concurrence dont le pays a un besoin si puissant, au profit d'une ou de plusieurs Compagnies financières dont les intérêts peuvent se trouver en opposition presque constante avec l'intérêt général, qui n'agiront et n'administreront jamais qu'au point de vue étroit de leurs calculs particuliers.

Placer entre leurs mains ces conditions si importantes de la prospérité industrielle, serait nous mettre tous à la merci d'une omnipotence égoïste. La faute serait grave, impardonnable, lorsque l'expérience a déjà prouvé que les concessions de ce genre sont les plus grands obstacles au développement de la fortune publique, que les Compagnies concessionnaires n'ont jamais su se résigner à prendre l'initiative d'une amélioration, d'une réforme, d'une réduction dans leurs tarifs, que jamais elles n'ont pu se décider à entrer franchement dans la voie du progrès; qu'elles ont toujours reculé devant les mesures les plus impérieusement commandées par la concurrence des chemins de fer.

L'État, au contraire, sage et impartial appréciateur des besoins de l'industrie et du commerce, saura toujours leur faire les concessions que nécessiteront les éventualités et les conditions diverses dans lesquelles la production et la consommation peuvent se trouver.

Entre ses mains, les canaux serviront de digue à la haute puissance des chemins de fer; ils serviront à arrêter leurs tendances désordonnées au monopole, à les maintenir dans les bases d'une concurrence régulière et modérée.

Concédés, ils ne seront plus que des instruments sans valeur pour le pays, ils ne serviront plus qu'à favoriser telle ou telle combinaison financière, telle ou telle ambitieuse spéculation, au détriment des intérêts mêmes pour lesquels ils ont été créés, pour lesquels ils doivent être exploités.

En effet, quoi de plus funeste qu'une Compagnie fermière possédant pendant cinquante ou soixante ans toutes les lignes navigables, créant elle-même un matériel imposant? N'aurait-elle pas bientôt ruiné toute espèce de concurrence qui viendrait s'aventurer à côté d'elle, pour ensuite exploiter à sa guise le commerce, l'industrie et l'agriculture par des prix de transport sans limite?

Nous protestons donc, monsieur le Ministre, nous protestons de toutes nos forces contre ce projet qui, loin d'apporter un remède à la situation actuelle, déjà si triste et si mauvaise par suite des entraves apportées par les Compagnies concessionnaires à tout progrès, à toute modification quelque urgente qu'elle soit, aggraverait encore et pour ainsi dire indéfiniment les souffrances dues à cet état de choses.

En assurant à l'existence des bateliers une protection efficace et continue, vous donneriez à l'industrie et à la consommation des matières premières des garanties de facilité et d'économie, sans lesquelles elle ne peut prospérer et se développer.

Nous avons la confiance qu'après un examen nouveau et approfondi de la question, vous repousserez ce projet funeste, et vous prions, monsieur le Ministre, d'agréer l'assurance de notre haute considération.

BAS-RHIN. — STRASBOURG.

A. et J. Joussaud frères, *fournisseurs de la marine nationale*; F. André et Ce, *marchands de bois en gros*; G.-J. Kob, *négociant*; Ch. de Turckheim, *négociant*; Polidoro Marouo, *fabricant de produits chimiques*; Ch. Boersch, *marchand de grains et de farines.*

Bateliers.

François Muller, Baldner fils, D. Lix, A. Zabern, Becker, M. Koch, D. Koch, F. Reich, G. Buchel, Herzog, J. Schmitt, Haussmann, Grau, Lurge, A. Weissenhauer, F.-J. Lutz, Ch. Rey, Eh. Se, Lt. Schneck, Jean Geiges[1].

BARR.

F. Taufflieb, *négociant*; Ernst jeune, *négociant*; Ch. Jeysolff, *fabricant de savons*; B. Jundt, *marchand de fer*; A. Corbet, *négociant*; Holyschich, *fabricant*; M. Braun, *négociant*; G. Peter, *négociant*;

(1) Ces signatures sont loin de représenter l'opposition qui s'est manifestée à Strasbourg contre l'affermage. Une pétition au bas de laquelle se trouvent les noms des négociants et indusériels les plus recommandables de Strasbourg a été déjà adressée à M. le ministre, et vivement appuyée par la Chambre de commerce de cette ville ; cette pétition doit se trouver au dossier de la Commission. Les signatures ci-dessus ne sont que le complément des protestations nombreuses dont a été l'objet, particulièrement à Strasbourg, la mesure que nous combattons aussitôt qu'elle s'est produite et qu'il a été question de l'appliquer.

G. Moerlen, *négociant*; J. Heiligenstein, *fabricant de savons*; J. Muller Apffe, *négociant*; J. Diehl, *négociant*; J. Dietz père et fils, *fabricants*.

SELESTADT.

Négociants.

X. Haas, J. Simon, Hyp. Krauss, Ganzinotti, V. Vion, J. Lamboley, Fierderer et Cᵉ, M. Spies, V. Baldeck, Nicot, F. Laux, Ringeissen, Rothwill, A. Lang Pennarum, V. Bidot Saur, J. Weissenthanner, Heinrich fils, J. Roswag, *fabricant*; J. Heigle, *négociant*; Louis Lang, *fabricant*.

BENFELD.

Négociants.

A Ross, Witz, Thevenot, Grau, Burger, A. Rey, A. Weiessenthaeler, J. Lutz, A Rey.
Joachim, *marchand de vin, adjoint au maire.*

SARREGUEMINES (MOSELLE).

Nanot et Cᵉ, *fabricants*; Utzschnneider et Cᵉ, *manufacturiers*; Maire et Cᵉ, *fabricants de produits chimiques*; Mique, *commissionnaire de transports par terre et par eau*; Couturier F. et Cᵉ, *fabricants*; Fritz, *fabricant*; Ackermann Marc, *fabricants*; Barth, Massing et Richon, *fabricants*; Martin, *fabricant*; Niemann, Stambach et Cᵉ, *fabricants*; Knoer frères et Lauth, *fabricants*.

VILLES DIVERSES.

J. Wetter, *maître batelier*, à Wolxheim; Ch. Jacob, *fabricant*, à St-Pierre; Pfeiffer, *entrepreneur de transports par terre et par eau*, à Sundhausen; Vecter, *batelier*, à d'Avolsheim; Mursch, *batelier*, à d'Avolsheim; Starck, *batelier*, à d'Avolsheim; V. de Diétrich et fils, *maîtres de forges*, à Niederbronn; Schattenmann, *administrateur des mines* de Bouxwille; G. Goldenberg et Cᵉ, *manufacture de grosse quincaillerie*, à Saverne.

HAUT-RHIN. — MULHOUSE ET ENVIRONS.

Filatures de coton et laine, tissage et impressions.

Dollfus-Mieg et Cᵉ; Blech Steinbach et Mantz; frères Koechlin, Ch. Noegely et Cᵉ, Hartmann et fils, à Munster; A. Schlumberger et Cᵉ, à Guebwiller; Koechlin, Dollfus frères, Schwartz-Trapp et Cᵉ,

Schwartz-Huguenin et Cᵉ, Mathias Paraf, X. Jourdain, Isaac Koechlin, à Villé; Franck et Bœringer, Gasp-Schlumberger, à Thann; frères Zeller, à Ste-Marie; D. Bornèque, à Bavilliers; Witz, Greuter et Cᵉ, à Cernay; Frey-Witz et Cᵉ, à Cernay; J. Lehr, à Thann; Schlumberger fils et Cᵉ, à Mulhouse; H. Hofer et Cᵉ, à Kaysersberg; Math. Risler fils et Cᵉ, à Cernay; Michel Widt, N. Koechlin frères, Ch. Mieg Koechlin, Mertzdorf et frères, à Cernay; Schœn Alter, à Cernay, Daniel Eck et Cᵉ, à Cernay; Perret et Kolb, à Kaisersberg; Fessenmeyer et Cᵉ, Hirn et Guth, à Mulhouse; Guth, Hirn et Jourdain, Dl. Linck, Dl. Baumgartner, frères Heilmann.

Ateliers de constructions mécaniques.

Stamm et Cᵉ, à Thann; A. Hirth, à Mulhouse; Ch. Kestner, *fabricant de produits chimiques*, à Thann.

Commissionnaires en marchandises, cotons, industrie d'Alsace et houille.

Siegfried et Jules Rœderer, E. Vaucher et Cᵉ, Schweisguth-Coudray, Thorens et Hartmann, Eug. Lecomte, Ferd. Kœchlin et Cᵉ, G. Dollfus fils, R. Paraf, Manstendel Mieg fils, Fritz Koechlin, Ch. Loederich, Loederich Kullmann et Cᵉ.

Commissionnaires en marchandises.

Ch. Schlumberger, J.-Gros, X. Lebleu, Abt et Botta jeune, Thibaulot fils, Faure, Sauquet-Seib, Favre, Blech et Hofer, Hildebrandt.

Commissionnaires, expéditeurs-entrepreneurs, entrepreneurs de transports.

Frères Oswald, Danzas et Levêque, Müntz-Schlumberger et Cᵉ, Vetter et Cᵉ, Etarsam père et fils, Bernard et Dœrflinger, Entz et Bourcardt, Koechlin et Zislin, H. Baissade.

MONTBÉLIARD ET ENVIRONS.

Négociants et fabricants.

MONTBÉLIARD.

Blache aîné et fils, Jh. Munnier, Siffert et Laurent, Pareau et Cᵉ, Charrier, Nicolas Jacquot, Th. Vuillequez, Thevenot fils, Fréd. Rau, Ebersolt-Parrot, Léopold Surleau, Lovy, Breuleux, Louis Sahler fils, S. Marti, L.-C. Salher, Blache jeune.

Valolon, à Berdevel; Eug. Bourquard, à Delle; Belin, à Delle; Migeon et Vieillard, aux forges de Morvillars; C. Peugeot et Cᵉ, à Audincourt; Louis Japy fils, à Berne; Octave Japy, à Beaucourt; J. Japy, à Beaucourt; Japy frères, à la Feschotte.

BESANÇON.

Commissionnaires de roulage et en marchandises.

Estrayer et Meyer, Roux Michel, Rugnot Callodon, Corne et Ce, Ch. Marchand, Th. Amet, Prével frères, Gros et Ce.

Entrepreneurs de transports par eau.

Gauthier frères, B.-L. Meyrel frères, Renaudot, Cellard et Gouillard.

Commerce de gros, entrepôts de denrées coloniales, vins et spiritueux.

Goguely et Grangé, Guillaume, Racine Cadet frères, E. Sautrandt, Charnaux frères, France et Ce, Dubois frères, Lavet frères, Vibert, Félix Demolombe, Burle, Girault, Bourgeois, Mansion, Marquet, Guichard, A. Delhotel, I. Zeltner, R. Bouse, Bonneau, Escalier aîné et Ce, Ch. Pingue et Ce, Bautrant, Noé et Sancey, Ch. Barbaud et Salomon, Laupya et Ce, Pelet aîné, Labigand-Bellegarde, Demonge et L'Huillier, Ch. Roussel frères.

LYON.

Entrepreneurs de transports par eau.

Bonnardel frères, E. Plasson, J. Breittmayer, Champereux, Abel et Clerc, Reyre, L. Breittmayer aîné et Ce, Courrat, Gaillard et Ce, Mathis Gerhard et Ce, Aug. Mathis, Gérin cousins, Trayvou fils et Ce, Gauthier frères.

Commissionnaires de roulage.

L. Bely, Burdet et Ricard, Pine-Desgranges et Ce, V. Briandas et Delaroche, Antonin Rieussec, Jules Gavand, Rivière et Ce, Lévy Maréchal, Larat-Mile et Ce, Descours et Récamier, Courat père et fils, Lachaise, P. Condamin, Bonnafaus frères, Coquat frères, Coubayon, Vester et Ce, veuve Vouillemant et fils, E. Guibal, Thiers et Rosenkrantz, de Bouvaud et Ce, Perrin et Ce.

Marchandises en gros, entrepôts, denrées coloniales, commissionnaires en marchandises, vins et spiritueux en gros.

M. Gisard et Ce, S. Debar, Chauvet frères, Bruny fils aîné et Ce, Bied frères, Ribolet frères, A. Simon et Meunier, V.-Ch. Garin et Ce, Richard Jauffret et Armand, Julien et Gross, France et Ce, Rubsamen et Remp, Petiot et Ferber, Ch. Montallant, Zindel et Ce, Manteret frères, E. Figuier et Viannes.

Racine et Pourra, Ant. Jounon.

Colleuille et Ce, Jenoudet frères, Beaucourt et Ce, Galoffre et Méjanelle, Mayet et Ce.

Millau jeune, Bizot frères, L. Egly, Schmith frères.

Marchands de fers en gros.

Roux, Prenat et Ce, J. Denar et Ce, César Dufournel et fils, Marcelin, C. Drevet et Ce, Franc père et Marcelin, Rival et Ce.

Ed. Reveil, *maire de Lyon, directeur de la Compagnie générale d'assurance*; Bail et Boffard, *fabricants de produits chimiques et de bougies et savons*; Chatanay et fils, *fabricants de produits chimiques et de bougies et savons*; Vianay père, *gérant de la Compagnie des Papins*; Vachau père et fils, *propriétaires du moulin à vapeur à Vaise*; Charlot frères, *graines et céréales* (*fournisseurs*).

Nicolas Gerin fils, *commissionnaire par eau*; Cognet père et fils, *fabricants de produits chimiques.*

AVIGNON.

Reynard, Lespinasse et Sauvand, *commissionnaires de roulage.*

Négociants, fabricants de garance.

Poncet frères, Thomas frères, Verdet et Ce, Courrat père et fils, Aug. Imer et Ce, A.-F. Kingt et Ce, Poussel frères, André Bouyer et Ce, P. Faure et Escoffier, L.-F. Félix, V. Lazare Amic et Lacroix, Martial Martin, André Amic, J.-C. Hartmann, Clauseau père et fils et Palun, Martin et Ce.

CARPENTRAS.

Négociants, fabricants de garance.

P. Guérin, Nouvène frères, Elie Valabrègue, Mourier fils aîné, Béraud père et fils, Constantin fils, Fortunet aîné.

EXTRAIT D'UNE PÉTITION

PRÉSENTÉE

Par les syndics et délégués de la BATELLERIE.

. . . .

Nous ferons remarquer qu'il n'y a pas de comparaison possible à établir entre les chemins de fer et les canaux. La concurrence de ceux-ci est purement défensive; celle des chemins de fer est, au contraire, envahissante et absorbante ; ils veulent tuer la navigation, et dans ce but patent, sur lequel il n'y a pas à se méprendre, ils réduisent leurs tarifs à des prix tellement bas qu'on n'eût jamais osé le prévoir. Nous n'avons pas besoin de démontrer que les canaux n'ont pas la prétention de tuer la concurrence des chemins de fer; nos efforts, nous le savons, n'auront jamais pour résultat que de nous empêcher de succomber dans la lutte.

Or, pour soutenir cette lutte, la batellerie n'a d'autre moyen que de baisser ses prix, non pas seulement de manière à conserver une quantité de marchandises égale à ce qu'elle transportait avant l'établissement des chemins de fer, mais encore de manière à profiter du mouvement imprimé à l'industrie et au commerce, au point de compenser, par l'autorité plus grande de ses opérations, la perte que lui occasionnerait la baisse de son fret. C'est ainsi qu'elle a dû procéder partout où les chemins de fer sont venus lui faire concurrence.

Que font, au contraire, les Compagnies des canaux? Elles profitent de cette initiative que la batellerie est forcée de prendre, sous peine de se voir enlever tout aliment, et elles maintiennent leurs droits à un taux qui empêche les réductions que les transporteurs font subir à leurs prix, d'attirer sur la voie d'eau une quantité plus considérable de marchandises. Les Compagnies trouvent, en effet, qu'elles n'ont pas intérêt à accroître la circulation sur leurs canaux, lorsque cet accroissement ne doit pas augmenter en même temps leurs bénéfices; et, le résultat étant le même pour elles quant au revenu, elles aiment mieux percevoir, par exemple, 2 centimes sur 100,000 tonnes que 1 centime sur 200,000.

Et remarquez, messieurs, que nous raisonnons ici dans les conditions ordinaires des concessions existantes; mais celles qu'on a déjà proposé de faire à la Compagnie ou aux Compagnies qui affermeraient les canaux rendraient la position de la batellerie et de l'industrie bien autrement grave.

En effet, précisément par ce motif, que la concurrence des chemins de fer pose à la circulation sur les canaux des limites qu'ils ne pourront pas dépasser, du moins dans une certaine mesure, les bénéfices probables pour les capitalistes qui consentiront à se charger de leur exploitation, du remboursement des fonds employés au rachat des actions de jouissance et des 40 à 45 millions de travaux supposés nécessaires, ces bénéfices, disons-nous, ne seront ni assez sûrs ni assez considérables pour être à eux seuls une perspective suffisamment attrayante. Dès lors, et suivant l'opinion émise et soutenue par des hommes considérables, — il faut attirer les capitaux par l'appât déterminant de conditions avantageuses.

Ces conditions consistent : 1° dans la garantie par l'État d'un intérêt et d'un amortissement du capital déboursé par les fermiers; 2° dans la faculté de transporter.

Ces conditions ont été trop de fois considérées comme indispensables par les partisans de l'affermage, pour que nous n'y trouvions pas nous-mêmes un danger très réel, très sérieux, et qu'il nous faut combattre.

Une garantie de cinq ou six pour cent d'intérêt et d'amortissement, tel est un des avantages qui seraient faits au fermier. Mais, messieurs, n'est-il pas possible que la garantie d'intérêt ne soit pour les fermiers une raison de plus pour restreindre la circulation par le maintien du maximum des tarifs consentis, en dépit de toutes les considérations qui commanderaient des réductions dont le résultat serait d'accroître cette circulation? Il ne suffit pas, en effet, pour garantir une bonne exploitation dans l'intérêt général, que les exploitants aient la perspective de bénéfices incertains; il faut encore, il faut surtout que la crainte de subir des pertes, dans le cas où leur système d'exploitation serait mauvais, leur serve de règle et de frein. Or, avec la garantie d'intérêts, cette crainte disparaît nécessairement, puisque le fermier sera toujours sûr d'être couvert par elle de l'insuffisance des revenus.

On dit, et M. Daru, que nous sommes heureux d'invoquer à ce sujet, a déclaré dans son rapport de 1848, que les canaux devaient être surtout productifs d'utilité publique. Eh! messieurs, que fait l'utilité publique à une Compagnie de capitalistes? Son but, son seul but est d'accroître ou de ne pas diminuer ses revenus. Or, avec la garantie d'intérêts bien et dûment stipulée, mieux vaudra mille fois pour les fermiers percevoir un tarif élevé restreignant la circulation, qu'un tarif abaissé qui augmenterait ses peines, les soins de sa gestion, les frais d'administration et son personnel. Et puis, qu'ils aient avantage à s'entendre avec le chemin de fer, à rejeter sur lui la plus grande partie de la circulation afférente au canal affermé, qui les en empêchera? Comment arrive-t-on à constater cette entente, à la réprimer et à la punir?

Qu'on ne dise pas que c'est une crainte chimérique que nous exprimons; l'avantage qui résultera d'un pareil accord suffit à lui seul pour justifier nos inquiétudes.

En vérité, nous ne comprenons pas comment il est possible de concilier cette opinion que les canaux doivent être productifs d'utilité publique avec l'affermage, avec leur concession à des capitalistes qui n'y chercheront jamais qu'un moyen de revenus pour eux, sans se préoccuper le moins du monde des intérêts généraux.

Nous passons à l'autre condition, celle qui consisterait à accorder à la Compagnie fermière la faculté d'effectuer des transports, de faire de la batellerie. Il faut d'abord reconnaître que la concession de ce droit constituera un privilége devant lequel la concurrence actuelle et multiple de nos bateliers tels qu'ils existent aujourd'hui devra disparaître; et il est évident qu'une Compagnie puissante, qui aura un maximum de droits sans avoir pour contre-poids un minimum de fret, ruinera en peu de temps toutes les entreprises de transports qui essayeraient de lutter contre elles. D'ailleurs, ce résultat est prévu ; les partisans de l'affermage le prônent et le vantent comme un des heureux effets de leurs combinaisons.

Au seul point de vue de notre industrie, messieurs, nous aurions bien le droit de nous plaindre de cette concurrence privilégiée destinée à nous ruiner, à nous écraser. Il y aurait une souveraine injustice à venir enlever ainsi à des milliers de familles leurs moyens d'existence ; à réduire à la misère des hommes de travail et d'ordre, à leur ôter toute possibilité de se créer jamais à force de peine une position modeste, mais indépendante, mais honorable, pour leurs vieux jours.

On prétend que les voies navigables sont à l'État et qu'il peut en disposer comme bon lui semble. Non, messieurs ; les voies navigables, comme les grandes routes, ont été créées des deniers de tous pour être exploitées par tous, dans certaines conditions ; leur circulation, comme cela résulte de leur nature même, doit être libre, multiple, illimitée. Le jour où cette circulation sera confisquée au profit d'une Compagnie, la destination des canaux sera changée, renversée ; le but que le pays s'est proposé ne sera pas atteint. Le jour où, sans tenir compte des sacrifices faits par les individus, sous la protection et avec la garantie de l'État, tuteur des intérêts de tous, sans tenir compte des capitaux jetés dans l'industrie des transports, des habitudes prises par le commerce, des droits des familles qui sont venues vivre et travailler sur les voies navigables, on monopolisera l'industrie batelière entre les mains d'un fermier, on consommera un acte souverainement injuste et impolitique, en ruinant, en réduisant à la misère et à toutes ses conséquences des populations entières qui ont été chercher dans cette industrie l'existence que peut procurer un travail libre et accessible à tous.

Encore une fois affermerait-on les grandes routes ? Créerait-on surtout en faveur d'une Compagnie de roulage un privilége aussi exorbitant que celui qu'on veut créer sur les canaux ?

Est-ce donc parce que les bateliers ont dû subir des droits dont les transports par terre ont été affranchis, qu'on rendrait leur position comparativement si misérable ? Il nous semble à nous que ce serait une raison de plus pour les protéger et les favoriser.

Nous savons, messieurs, qu'on a dit que par le fait de la création des chemins de fer, l'État avait *exproprié* le roulage et les maîtres de poste.

L'expression n'est pas plus exacte que le fait. L'État a créé aux routes une concurrence terrible par la concession des chemins de fer ; mais cette concurrence, résultat de la marche progressive des choses, était forcée, normale, et rien ne pouvait l'empêcher. Cependant si cette concurrence a changé radicalement la condition des transports et de la circulation sur les routes de terre, elles n'en sont pas moins restées libres et exploitables par tous, sans qu'il soit jamais entré dans la pensée de qui que ce soit qu'on pût accorder à une entreprise une protection exceptionnelle pour transporter.

C'est pourtant ce qu'on prétend faire sur les canaux, où les bateliers n'auront plus seulement à lutter contre les chemins de fer, mais aussi contre la concurrence bien autrement directe, bien autrement destructive pour eux, de fermiers à la fois percepteurs de taxes et transporteurs.

Nous le répétons, messieurs, il y a là une injustice révoltante. On repousse l'administration publique des voies de transport comme un système entaché de socialisme. Peu accessibles aux idées subversives de l'ordre public, nous ne craignons pas qu'on puisse nous accuser de les partager, et nous sommes peu occupés du socialisme et de ses doctrines ; mais il nous semble, qu'on nous permette de le dire, que si jamais il s'est agi d'appliquer une mesure révolutionnaire, dans le sens le plus défavorable du mot, c'est celle que nous combattons aujourd'hui, menacés que nous sommes de voir une Compagnie riche et puissante venir, sous le patronage du Gouvernement, nous enlever notre fortune, notre existence, notre pain !

PÉTITION

ADRESSÉE A M. LE MINISTRE DU COMMERCE

Par les industries *minérales et métallurgiques* du centre de la France.

Le gouvernement a présenté à l'Assemblée législative un projet de loi dont le but était de racheter les actions de jouissance des canaux du Centre, et d'en remettre la propriété exclusive entre les mains de l'État.

Ce projet de loi avait été accueilli avec la plus grande satisfaction par les industries de toute nature qui, depuis bien des années, sollicitent l'abaissement des tarifs sur la plupart de ces canaux; il nous paraissait évident que l'État, en réclamant la disposition absolue des canaux, ne pouvait avoir d'autre but que d'en faciliter l'usage et de donner, par une réduction des tarifs, une impulsion nouvelle aux industries agricoles et manufacturières. Nous avions pensé que l'État voulait encore se servir des canaux pour contrebalancer les tendances fâcheuses de quelques Compagnies des chemins de fer disposées à abuser de leurs tarifs, et à passer trop lourdement sur le transport des matières premières.

Nous avons appris avec une surprise pénible que le projet avait subi une transformation complète de la part de la Commission; qu'il s'agissait aujourd'hui d'affermer la presque totalité de nos canaux à une seule Compagnie, composée des mêmes *éléments que les Compagnies de chemins de fer;* que cet affermage était même accepté par la Commission aux conditions les plus onéreuses pour l'industrie, puisque cette Compagnie fermière, loin d'abaisser les tarifs, demandait à les augmenter de 50 et de 100 pour 100.

Ainsi une proposition faite dans l'intérêt de l'industrie est retournée contre elle, et au lieu d'entrer dans la voie des réductions de tarifs, on les augmenterait immédiatement dans une proportion énorme : les matières premières les plus essentielles, telles que les houilles, payeraient 15 centimes de droits au lieu de 10 qu'elles payent actuellement.

Par cette décision prise sans aucune enquête sur les besoins des industries qui se servent des canaux, nous serions livrés à l'exploitation et à l'arbitraire d'une Compagnie qui n'aurait qu'un seul but : gagner de l'argent au moyen des canaux et des tarifs. Cette Compagnie, composée d'hommes qui, pour la plupart, sont déjà engagés dans l'industrie des chemins de fer, nous conduirait infailliblement au plus vaste monopole qu'on ait pu rêver, *le monopole des transports*.

Menacés dans les conditions les plus essentielles de notre existence, nous venons vous prier de nous protéger et de ne pas laisser ainsi sacrifier nos industries à une compagnie de spéculateurs. Nous demandons que si les canaux sont affermés, ils le soient par groupes géographiques distincts, et de telle sorte qu'il y ait au moins quatre Compagnies fermières ; qu'ils le soient pour dix ans au plus et à des conditions telles qu'il n'y ait pas de coalition possible entre les Compagnies fermières et les Compagnies de chemins de fer ; enfin que les tarifs de 10 centimes soient pris pour point de départ et considérés comme le tarif *maximum*.

Nous appuierons ces demandes par un simple opposé de la position actuelle du transport des houilles.

Toutes les industries se plaignent du prix élevé de la houille ; l'agriculture, qui en fait aujourd'hui un grand usage, s'en plaint également, et pourtant nos mines du centre de la France l'offrent aux mêmes prix que les mines de la Belgique et de l'Angleterre. Ce sont les transports qui forment l'élément principal du prix de revient sur la plupart de nos grands marchés industriels. Or ces prix de transport se composent de deux parties distinctes : *Les frais de traction* et les *droits de navigation* qui nous sont imposés par les tarifs sur les canaux et les rivières. Nous sommes arrivés à réduire les frais de traction d'un bateau chargé, circulant sur nos canaux, au prix de 8 à 10 centimes par tonne et par myriamètre, et nous payons comme droits de navigation 10 centimes, plus le dixième, c'est-à-dire 11 *centimes* sur les voies les plus favorisées.

Ainsi nous payons déjà comme redevance un prix supérieur aux frais de traction, et cela sur une voie qui n'est qu'une simple route que nous parcourons avec nos bateaux et à nos risques et périls.

Cette taxe déjà si considérable, on vient proposer aujourd'hui de l'augmenter de 50 p. 100.

Partout où l'administration a pu intervenir dans les tarifs des canaux, elle a établi celui de 10 centimes par tonne et par myriamètre, comme le maximum qui peut être imposé à l'industrie et comme le plus avantageux dans l'intérêt même des canaux. Elle ne s'est pas trompée, car le canal du Centre qui, depuis plus de vingt années, jouit de ce tarif, est un de ceux qui ont atteint le tonnage le plus élevé eu égard à sa longueur ; le canal latéral à la Loire, qui, sous l'influence d'un tarif supérieur, transportait très peu de matières premières, est arrivé depuis deux ans à en attirer une quantité considérable. Quant à nous, nous regardons encore ce tarif comme onéreux, car cette énonciation modeste de centimes cache en réalité un impôt énorme, ainsi qu'on peut en juger par les chiffres suivants :

Un bateau de houille de 100 à 105 tonneaux, expédié de nos mines du centre sur Paris, paye aujourd'hui :

Droits sur le canal du Centre (la moitié du parcours).	66 fr.	15 c.
Droits sur le canal latéral à la Loire. . . .	245	85
Droits sur le canal de Briare.	104	85
Droits sur le canal du Loing.	105	24
Droits sur la Seine.	14	»
Droits sur la Seine à la remonte du bateau vide.	4	50
Droits du bateau vide sur les canaux de Briare et de Loing.	15	»
Droits du bateau vide sur le canal latéral à la Loire.	24	»
Total des droits. . . .	579 fr.	50 c.

c'est-à-dire plus de 5 fr. 50 c. par tonne transportée.

Un bateau de 125 tonnes expédié sur Mulhouse paye aujourd'hui :

Droits sur le canal du Centre.	88	10
Droits sur le canal du Rhône au Rhin. . . .	308	»
Droits de bateau vide au retour.	16	25

c'est-à-dire, 3 fr. 50 c. par tonne transportée :

Ces droits de 3 fr. 50 c. et de 5 fr. 50 c. par tonne de houille, ne sont-ils pas assez onéreux, pour les producteurs et les consommateurs, et devrons-nous craindre de les voir augmenter, lorsque cette augmentation qui pèserait sur nos produits, ne pouvant atteindre les houilles belges ou anglaises qui sont importées en France, serait une prime en leur faveur?

Les houilles belges pénètrent en France, et se répandent sur tous les marchés du Nord, par le canal de Saint-Quentin et par le chemin de fer du Nord. Le tarif de 10 cent. appliqué sur ce canal ne saurait être augmenté sans que le chemin de fer n'enlevât au canal la majeure partie de ses transports; il ne sera donc pas augmenté, et ne se trouve pas compris, en effet, dans les propositions de la Compagnie fermière. Ainsi donc on serait conduit par cette Compagnie à appliquer aux houilles indigènes un tarif supérieur de 50 p. 100 à celui que supporteront les houilles belges.

Les houilles anglaises proviennent de bassins situés sur le littoral, tandis que les nôtres sont tous situés dans l'intérieur; elles arrivent donc avec avantage dans tous nos ports, même plus éloignés, ceux de Marseille et de Toulon. Ces houilles peuvent remonter nos fleuves qui sont exempts de droits de navigation ou à peu près; tandis que les nôtres, surchargés par les tarifs onéreux des canaux, ont peine à soutenir la concurrence; augmenter ces tarifs de 50 p. 100, ce serait augmenter le prix de la houille sur tous les marchés où nous avons pu soutenir cette concurrence, et nous faire reculer encore de plus de deux cents kilomètres devant les importations étrangères.

On nous a souvent reproché la protection des droits de douane qui frappent les houilles étrangères; mais cette protection n'est, à nos yeux, que la juste compensation des droits de navigation qui nous sont imposés. Si l'on augmente encore ces droits de notre navigation, ne serait-il pas de toute justice d'augmenter aussi les droits d'importation?

N'est-il pas évident, en outre, que l'État, en aliénant par un long bail les tarifs de notre navigation intérieure, et même au chiffre de 10 cent., se priverait de la possibilité de réduire les droits de douane pendant toute la durée de ce bail? Si l'on vient en effet à modifier notre système douanier par quelque traité international, et à réduire les droits d'importation des houilles, on devra rétablir l'équilibre détruit à nos dépens, par des réductions proportionnelles sur les tarifs qui pèsent sur la navigation intérieure. Or ces tarifs seraient livrés par l'affermage à une Compagnie qu'on ne trouvera jamais disposée à entrer dans la voie des réductions.

Enfin, si nous comparons les conditions actuelles du transport des houilles par les canaux à celles des transports effectués par les chemins de fer, nous arrivons à la conviction que, loin de songer à augmenter les tarifs des canaux, le Gouvernement doit encore les réduire au-dessous de 40 cent.

Ainsi les chemins de fer qui transportent les houilles, et dont les wagons reviennent à vide, sont arrivés à effectuer ce transport au prix de revient de 30 cent. par tonne et par myriamètre : plusieurs chemins de fer ont donc pu passer des marchés à 40 cent., et y trouver un bénéfice ; or ces transports par chemins de fer comprennent l'usure du matériel, les garanties contre les avaries, etc. ; et si l'on additionne tous ces frais sur les principales lignes de canaux, on arrive à des chiffres de 29 et 35 cent.

Si donc on veut que les canaux remplissent réellement leur mission, qui est de transporter les matières premières à meilleur marché qu'aucune autre voie, on doit se ménager la possibilité de réduire les tarifs au-dessous de 40 cent.

Nous désirons que les tarifs établis sur les canaux soient uniformes partout pour les matières premières ; mais si le principe des tarifs différentiels était adopté, nous espérons qu'il militerait en faveur des tarifs les plus bas. Dans quel cas, en effet, les tarifs seraient-ils abaissés sur les canaux, lorsqu'ils se trouveraient en concurrence avec les chemins de fer? Mais cette concurrence, établie en faveur des contrées qui auront l'avantage de posséder à la fois les deux systèmes de communication, serait ruineuse pour les contrées qui n'auront que des canaux, si le point de départ des tarifs n'était réglé d'après les chiffres les plus bas que peut amener la concurrence des chemins de fer.

Si le gouvernement admet les tarifs différentiels, il nous paraît indispensable de régler à l'avance les bases de leur variation, et de les régler d'après leurs sections.

Les canaux à grande section, qui admettent des bateaux d'un fort tonnage, peuvent en effet supporter des tarifs plus élevés que les canaux à petite section, sur lesquels la navigation est plus coûteuse ; cette différence serait d'autant plus juste, que les canaux à grande section, qui portent des bateaux de 250 tonneaux, sont ceux du nord qui servent à l'importation des houilles belges; tandis que les canaux qui desservent les houillères du centre ne peuvent admettre que des bateaux de 100 à 125 tonneaux.

Cette différence de section des canaux diminue les frais de traction dans la proportion de 35 à 40 p. 100 ; une surcharge équivalente dans les tarifs ne serait donc qu'une juste compensation, destinée à rétablir l'équilibre entre le travail national et les exploitations étrangères. Or le projet d'affermage demande l'inverse; nos canaux à petite section seraient surchargés de tarifs plus onéreux que ceux à grande section; il établirait ainsi une double prime à l'avantage des houillères belges.

La Belgique et l'Angleterre ont sur nous l'avantage d'une navigation intérieure mieux organisée et d'un réseau de chemins de fer déjà complet. Nous espérons que la nouvelle loi des canaux, au lieu de nous faire encore rétrograder, fournira l'occasion de diminuer les frais de notre navigation intérieure. En résumé nous demandons :

Que le tarif de 10 cent. par tonne et par myriamètre soit établi sur tous les canaux, pour les *houilles*, pour les *cokes* et pour les *minerais*, dont la circulation est en quelque sorte la base de toutes nos industries; que ce tarif soit imposé comme un *maximum* aux Compagnies auxquelles le gouvernement affermera les canaux; enfin que les bateaux vides soient affranchis de tout droit.

Paris. — Imprimerie de Gustave GRATIOT, 11, rue de la Monnaie.

www.ingramcontent.com/pod-product-compliance
Lightning Source LLC
Chambersburg PA
CBHW071303200326
41521CB00009B/1892
9782019608842